파란

①

정민의 다산독본

다산의 두 하늘, 천주와 정조

파란 波瀾 ①

천년의상상

글을 열며

1

한 사람의 인생에는 몇 차례의 변곡점이 있다. 어떤 만남 이후 그는 그 이전으로 돌아갈 수 없다. 다산(茶山, 1762-1836)은 세 차례의 운명적인 만남을 가졌다. 천주교와 정조, 그리고 강진과의 만남이 그것이다. 또한 다산의 생애는 크게 보아 유배 이전과 유배 시기, 그리고 해배 이후의 세 단계로 나눌 수 있다. 유배 이전의 키워드는 정조와 천주교이다. 정조 임금의 그늘이 그를 키웠고, 천주교는 그에게 생애 전체에 걸쳐 절대적인 영향력을 행사했다. 40세 이전, 다산에게서 이 둘을 빼고 나면 다산은 없다.

젊은 날의 다산은 직진형 투사였다. 예기가 있었고 명민했다. 상황 판단이 빨랐고, 자리를 가리는 안목이 출중했다. 그는 옳다고 생각하면 타협 없이 직진했다. 자신이 속한 그룹의 돌격 대장, 행동 대장이었고, 책사이자 모사였다. 유배 이후 결이 조금 뉘어진 뒤의 다산과 젊은 날의 다산은 사뭇 느낌이 다르다.

정조와 천주교는 젊은 날 다산의 두 하늘이었다. 그의 생애에서 천주교는 벗어날 수 없는 굴레요 족쇄였다. 다산은 온몸으로 천주교를 받아들였다. 정조 또한 다산의 삶을 붙들어 맨 또 다른 굴레다. 수험생 시절부터 정조는 다산을 유심히 지켜보았고, 깊이 아꼈다. 정조는 천주교로 계속 문제의 중심에 선 다산을 끝까지 감싸주며 곁에 두었다. 임금의 지극한 사랑 때문에 다산은 자의 반 타의 반으로 천주교를 떠났다. 정조라는 배경이 없었다면 다산은 진작에 적당敵黨에게 끌려가 죽었을 사람이었다.

다산은 늘 득의와 좌절이 교차하는 지점 위에 서 있었다. 임금이 중용하려 할 때마다 꼭 신앙 문제가 그의 발목을 붙들었다. 그럼에도 그는 언제나 보석처럼 빛났고, 임금의 마음에 꼭 드는 신하였다. 어떤 어려운 미션을 맡겨도 다산은 대수롭지 않게 해냈다. 아무도 할 수 없는 일을 그는 아무렇지도 않게 해치웠다. 800개에 달하는 『시경詩經』 관련 질문에도 최고 답안을 제출했고, 기중가起重架와 유형거游衡車를 발명해서 화성華城 건설에 엄청난 경비 절감을 가져오기도 했다. 한강에 설치한 배다리 설계도 그의 작품이었다. 어디 그뿐인가? 세계 문화유산이 된 화성의 설계 도면이 그에게서 나왔다.

그는 늘 그랬다. 무슨 일이든 맡기기만 하면 척척 해냈다. 다만 그때마다 꼭 일이 터져서 궂은일만 많이 하고 그 열매는 맛보지 못했다. 젊은 다산의 한쪽 어깨에 조선 천주교회의 역사가 얹혔고, 다른 쪽에는 정조 대왕의 꿈이 올려져 있었다. 그는 자주 이러지도 저럴 수도 없는 처지에 놓이곤 했다. 그때마다 다산은 우회하지 않고 정면 돌파를 택했다. 그 때문에 많은 불이익을 당했지만 한 번도 후회하지 않았다.

2

이 책을 구상하게 된 계기가 있다. 2017년 7월, 한 달간 와세다대학에 방문학자로 머물렀다. 그때 와세다대학교 도서관에서 『수필 라이 산요隨筆 賴山陽』란 책과 만났다. 라이 산요는 일본의 다산쯤에 해당하는 학자다. 이 책은 이치시마 순조市島春城가 와세다대학교 출판부에서 1925년에 간행한 638쪽에 달하는 거질이었다.

서문의 내용은 이랬다. 저자가 라이 산요에 경도되어 수십 년 간 몰두하다 보니, 어느 순간 그의 약점과 어두운 면이 조금씩 눈에 들어왔다. 이로 인해 존모의 마음이 엷어지는 느낌이 들었다. 그래서 그는 독자의 입장에서는 다소 불편한 점이 있겠지만 라이 산요를 더 구체적이고 적나라하게 들여다보는 작업이 그에 대해 좀 더 색다른 시선을 가져다줄 것이라고 생각했다.

마침 나도 다산에게 그런 비슷한 감정을 느끼고 있던 터였다. 다산의 일대기를 다룬 평전 형식의 저술은 벌써 여러 책이 간행되었다. 다산의 생애와 인간, 그리고 학문 성과가 일목요연하게 정리되어 있긴 하지만, 왠지 그 속에서 다산은 박제되어 생기를 잃은 느낌이었다. 글 속의 다산은 위대하나 살아 있지는 않았다.

이 책에서 나는 박제화된 성인 다산을 만들 생각이 없다. 그도 우리와 같이 숨 쉬고 고통받고 고민하던 청춘이었다. 그의 인간적인 면모를 우리는 사실 그대로 받아들일 필요가 있다. 그의 문집은 사료로 치면 오염된 부분이 적지 않다. 다산은 자기 검열을 통해 불리하거나 불편한 내용은 삭제하고, 일관성 확보를 위해 많은 글에 손을 댔다. 하지만 이것을 다른 기록과 겹쳐보자 다산이 썼다가 지웠던 부분들이 얼핏 드러났다. 이 책에서는 다산이 지웠음직한 자료를, 날것 그대로 맥락 없이 남겨진 다른 자료와 겹쳐 읽음으로써 지워진 부분을 복원해보려고 애를 썼다.

검토 과정에서 나는 기록이 얼마나 무서운지를 깊이 깨달았다. 글로 남은 것이 모두 진실을 담고 있지는 않았다. 진실은 그 행간에 열 길 물속처럼 숨어 있었다. 한 편의 시는 그저 읽을 때는 풍경에 얹은 감흥일 뿐이다가, 배경을 알고 읽자 격정적인 내면의 토로로 변했다. 문맥이 매끄럽지 않은 어떤 글은 앞뒤로 지운 내용으로 인한 비약 때문이었음을 문득 깨달았다. 편지 한 통, 문장 한 편이 다 그랬다. 배경을 앉혀놓고 읽자 다산의 속내가 훤히 비쳤다. 그 다산은 그간 내가 알던 다산이 아니었다.

1938년 최익한崔益翰은 신문지상에 「『여유당전서與猶堂全書』를 독讀함」이란 글을 65회에 걸쳐 연재했다. 다산 저작과 사유의 전모를 최초로 드러낸 기념비적 글로, 지금으로부터 꼭 80년 전 일이다. 그때 그가 『여유당전서』, 즉 '다산의 책'을 꼼꼼히 읽었다면, 나는 다산의 책이 아닌 '다산이라는 책'을 읽고 싶다. 최익한은 "선생은 철두철미하게 당시 사회적 산물이었다"라고 했다. 다산은 격랑의 한 시대를 앙가슴으로 부딪치며 살았다. 후학들은 그에게서 완전무결한 지성을 보려 하고, 일말의 흠집조차 용인치 않으려 든다. 세상에 그런 인간은 없다.

다산도 인간인지라, 들여다볼수록 몰랐어도 좋을 것이 자꾸 보였다. 그것은 다산의 위대성에 가려진 그늘 같은 것이었다. 젊은 시절 다산의 정치에 대한 동물적 감각과 행동은 사람을 깜짝 깜짝 놀라게 했다. 한편 강진에서 얻은 소실과 딸에 대한 다산의 처신은 깔끔하지 못했다. 강진 시절 제자들은 어째서 해배 이후 스승에게 대부분 등을 돌리게 되었을까? 다산 부부의 금슬은 알려진 것처럼 정말 좋았을까? 하지만 이런 일련의 질문들은 다산의 위대성에 던지는 흠집 내기와는 다르다. 다산의 인간적 면모가 때로 우리 기대에 못 미친다 해도, 이것들은 엄연히 다산의 위대성을 만들어낸 하나의 배경일 것이기 때문이다.

하지만 다산의 작은 흠결을 말하면 발끈하며 성을 내는 사람들을 나는 그간 많이 만났다. 10년 전 강진에서 열린 다산 학술 행사에서였다. 발표 중에 다산초당 시절 다산이 풍을 맞아 마비가 왔을 때 두었던 소실댁과 그녀와의 사이에서 난 딸 이야기를 잠깐 했다. 행사가 끝난 뒤 뒤풀이 자리에서 어떤 이가 정색을 하고 내게 말했다. "그만 좀 해두시지요. 뭔 좋은 소리라고 그런 말을 합니까?" 왜 소실과 딸 이야기를 꺼내 다산 선생을 모욕하느냐는 뜻이었다. 태도가 대단히 불쾌했지만 참았다. 내가 비난조로 말한 것도 아니고, 그때 다산의 형편이 그만큼 절박했다는 뜻이었는데도 그랬다. 다산은 단점이나 흠결을 말할 수도 없는 존재로구나 하는 느낌이 들었다. 그렇지만 그런 사람이 어디에 있나? 그것은 살아 있는 인간 다산이 아니라, 화장하여 방부 처리한 시신이거나 신화화된 미신에 지나지 않는다. 나는 살아 있는 다산, 우리와 같은 인간적 흠결을 지닌 다산과 만나고 싶다. 그것이 다산이 이룩한 성취를 더 높고 환하게 비춰줄 것이다.

3

글을 쓰는 내내 틈만 나면 다산의 유적지와 천주교 성지를 찾아다니고, 관련 연구자들과 만나 대화했다. 이전의 논점들을 점검하고, 주변 사료를 꼼꼼히 뒤졌다. 촘촘하게 다산의 생애 궤적을 연대순으로 추적하며 뒤쫓았다. 가속도가 붙자 제동장치를 잃은 열차처럼 폭주했다. 건강도 아슬아슬했다. 불안정한 혈압이 내내 나를 괴롭혔고, 나중엔 너무 무리해서 당뇨까지 왔다. 신경이 곤두서서 밤중에도 잠을 자주 깨곤 했다.

이제 먼저 젊은 다산을 정리해 세상에 내보낸다. 나는 다산을 천주교 신자로 만들 생각이 없고, 그 반대도 아니다. 나는 오직 사실을 밝히고 진실을 드러내는 데만 집중했다. 지금까지 다산 연구에 중간은 없었다. 천주교 측에서는 다산이 한때 배교했지만 만년에 회개해서 신자로 죽었고, 국학 쪽에서는 신자였다가 배교한 뒤로는 온전한 유학자로 돌아왔다고 했다. 다산의 천주교 신앙은 일반적인 범위를 훨씬 상회하는 심각한 것이었다. 그의 배교를 액면 그대로 믿을 수 없다. 진실은 중간에 있는데 전부냐 전무냐로 싸우면 답이 없고, 다산의 정체성만 흔들린다. 사람이 이랬다저랬다 할 수는 있어도 이도 저도 아닌 사람을 만들면 안 된다.

지난 시간 동안 나는 다산에 대해 꽤 많이 알고 있다고 생각했는데, 이번 책을 쓰면서 전혀 그렇지 않다는 것을 알았다. 특히 젊은 다산의 모습이 처음엔 대단히 낯설었다. 내가 알던 그가 맞나 싶을 정도였다. 몇 번의 영점조준을 변경하자 비로소 다시 초점이 맞았다. 익숙하게 알던 사람이 낯설게 되었다가 다시 가깝게 다가온 느낌이었다.

집필 과정에서 참 많은 분들의 도움을 받았다. 배론 성지의 이우갑 신부님과 수원가톨릭대학교의 여진천 신부님, 그리고 무주 다산영성연구소 김옥희 수녀님께 고마운 뜻을 먼저 담는다. 천주교 관련 사료 때문에 애를 먹을 때 중요한 자료를 아낌없이 찾아주셔서 막힌 길을 열어주었다. 그 밖에 여러 박물관과 각 지역의 교회사연구소 및 성지에서 만났던 많은 분들과 격려를 아끼지 않았던 주변의 성원도 잊을 수 없다. 본의 아니게 자료 도움을 받고도 그분들의 입장과 반대되는 견해를 펼치게 된 경우도 있었다. 누구 편을 들기 위해 이 책을 쓴 것은 아니어서 미안했지만 어쩔 수 없었다.

이형우 선생은 매주 연재가 진행될 때마다 전체 파일을 업데이트해서 갈무리해 보내주었다. 김경희, 신영호, 유동훈 선생의 격려도 큰 힘이 되었다. 편집자인 선완규 선생은 나와 해묵은 인연이 깊다. 매번 쓴 글을 그이가 늘 먼저 읽고 코멘트해주었다. 방향이 흔들릴 때마다 중심을 잡는 데 큰 힘이 되었다. 편집자 홍보람 씨의 꼼꼼한 손길 덕에 많은 착오를 바로잡을 수 있었다. 깊이 감사드린다.

이 책에서 나는 다산의 사람됨과 과학적이고 합리적인 작업 과정, 절망과 고통에 처한 인간의 고뇌와 상황 대처 능력, 사각지대에 놓인 자료의 발굴에서부터 그의 인간적 결점과 그늘까지를 포함해서 총체적으로 살펴보려 했다. 다산의 생애를 따라가는 여정은 아직 절반도 채 못 왔다. 대방의 질정을 삼가 청한다.

2019년 8월 매미 울음 속에 행당서실에서 정민

2장 정조와의 만남

3장 다산의 또 다른 하늘, 천주교

2권 차례

1장

소년 시절

수만 권의 서고가 무너졌다

부귀영화와 맞바꾸랴?

1836년 2월 22일, 다산이 75세를 일기로 세상을 떴다.

부고를 들은 처가 쪽의 먼 친척 홍길주(洪吉周, 1786-1841)가 말했다.

"그가 죽다니, 수만 권의 서고가 무너졌구나."

당시 서울에 머물고 있던 강진 시절의 제자 이강회(李綱會, 1789-?)는 큰 집이 기울어져 덮쳐오는 꿈을 꾸었다. 다산은 실로 한 동棟의 거대한 도서관 그 자체였다. 그 집이 무너진 것이다.

이날은 원래 다산 부부의 결혼 60주년을 축하하는 회혼례回

婚禮 당일이었다. 잔치를 축하하기 위해 원근에서 모여든 손님들은 문상객이 되고 말았다. 홍길주는 이날 아침 「정다산승지회근수서丁茶山承旨回巹壽序」란 축하 글을 보냈던 터였다. 그 글의 서두는 이렇게 시작한다.

다산 정대부는 박식함이 우주를 꿰뚫고, 깨달음이 미세한 것에까지 투철하였다. 쌓아둔 것이 드넓고 다룬 분야가 많아서 어떤 것이든 환히 알지 못하는 것이 없었다. 세상이 그를 버린 것이 또 몇십 년이나 되니, 강가에서 한가로이 노닐어도 벼슬을 내리는 문서는 한 번도 이르지 않았다.

이 말을 들은 어떤 사람이 그 운명이 참으로 기구하다며 탄식했다. 홍길주는 그의 운명은 애초에 한 번도 궁한 적이 없었다며, 다산이 누린 세 가지 복을 이렇게 나열했다.

하늘이 사람에게 복을 줄 때, 한 가지는 늘 주어도 두루 갖춰 주는 데는 인색하다. 대부는 올해 75세인데 건강하여 병이 없다. 부인은 나이가 76세지만 또한 건강해서 병이 없다. 이것을 부귀영화와 바꿀 수 있겠는가?

28

궁하게 살면서도 늙도록 저술하기를 그만두지 않아, 위로는 도서圖書와 상수象數의 오묘함에서부터 구경九經과 백가百家, 문자와 명물名物의 풀이 및 병법과 농사, 정치제도, 백성을 다스리고 옥사를 처리하는 규정에까지 미쳤고, 부분별로 책을 쌓더라도 거의 키와 맞먹을 정도였다. 이를 펼친다면 모두 시대에 보탬이 되고 사람에게 혜택을 줄 수가 있으니, 이것을 부귀영화와 바꿀 수 있겠는가?

아들 둘과 손자 넷이 있는데 모두 글과 예를 익히고 문장이 뛰어나다. 이후로 나올 사람은 더욱 빼어나, 장차 올 사람이 끝이 없을 것이다. 이것을 부귀영화와 바꿀 수 있겠는가?

홍길주는 다산이 타고난 건강과 풍부한 저술, 뛰어난 후손의 세 가지 복을 지녔으니, 여기에 더해 어찌 부귀영화까지 바랄 수 있겠느냐고 되물었다. 하지만 이 축복의 덕담이 다산의 죽음을 애도하는 글로 바뀔 줄은 홍길주는 짐작하지 못했다.

답안지로 등수까지 맞추다
———————

홍길주는 당대가 손꼽은 천재 중 한 사람이었다. 대제학을 지낸 홍석주洪奭周의 아우요, 정조의 외동 사위인 해거도위海居都尉 홍현주洪顯周의 형이었다. 그는 자신의 『수여방필睡餘放筆』 연작에 다산에 얽힌 여러 일화를 채록해두었다. 다음은 그중 하나다.

과거에 응시한 사람이 있었다. 그가 자신이 시험장에서 지은 작품을 가지고 와 다산에게 보여주었다. 다산은 그에게 시험을 어디서 보았느냐고 물었다(나라의 제도에 과거는 두 곳에서 나누어 본다).

그가 두 번째 장소라고 대답하자 다산이 말했다.

"그렇다면 자네는 반드시 장원으로 급제할 걸세. 만약 첫 번째 장소에서 보았더라면 틀림없이 떨어졌을 것이야."

그러더니 대여섯 구절에 비점批點을 찍고 한두 단어에는 밑줄을 쳐서 돌려주었다. 합격자 방이 붙고 보니 과연 장원으로 합격하였다. 비점 찍고 밑줄 친 것도 하나도 차이가 없었다.

어떤 이가 어찌 알았느냐고 묻자 다산이 말했다.

"내가 두 곳의 시험을 주관하는 자가 좋아하는 것을 익히 알았던 것일 뿐일세."

지금 사람들은 매양 시험을 주관하는 사람이 밝지 않으면 문장실력을 갖춘 자가 그 역량을 쓸 곳이 없다고 말하곤 한다. 하지만 이는 모두 그 문장에 미진한 곳이 있기 때문일 뿐이다. 다산으로 하여금 오늘날 과거장에 나아가게 한다면 서너 번의 시험으로 한정한다 하더라도 어찌 이름을 이루지 못할 리가 있겠는가?

답안지만 보고도 합격 여부를 알았다. 채점관이 답안지 가운데 가장 좋은 대목에 붉은 먹으로 점을 찍어 표시한 부분마저 정확하게 일치했다. 그의 통찰과 직관이 이러했다.

다산은 평생 다양한 분야에서 엄청난 작업을 아무렇지도 않게 해치웠지만, 반드시 자기 색깔을 입혔다. 자기만의 주장이 분명했다. 남이 한 말을 맥없이 되풀이해 정리하는 일에는 아예 손을 대지도 않았다. 작업마다 핵심 가치가 분명했고, 그의 손을 한번 거치고 나면 이전 것과 차별화된 콘텐츠로 재탄생해 반짝반짝 빛났다.

홍길주는 또 이렇게 썼다.

다산은 책을 저술하여 집에 정돈해둔 뒤에, 중국 사람이 지은 책을 보다가 자신의 주장과 같은 것이 나오면 곧장 지은 것을 꺼내어 표시해두곤 했다. 남이 한 말을 답습하기를 부끄러워함이 이와 같았다.

또 다른 글에서 홍길주는 자신만의 창안으로 자부했던 『서림일위書林日緯』란 저술이, 뒤에 보니 중국 사람이 엮은 『월령수편月令粹編』이란 책과 뜻과 범례가 거의 같고, 목차는 오히려 더 자세한 것을 보고 망연자실했던 스스로의 경험을 적고 나서, "다산정약용丁若鏞이 이 같은 경우를 당했다면 반드시 자기가 지은 것을 불 질러버렸을 것이다"라고 적기까지 했다. 다산은 남에게 지기 싫어했으므로, 답습에 대한 혐오가 이러했다.

과도한 자기 확신으로 독선이 지나칠 때도 있었다. 쾌도난마로 판단을 내리면 명쾌하고 통쾌해서 좀체 다른 논의를 용납지 않았다. 그 때문에 적도 많이 만들었다. 『아언각비雅言覺非』에서는 수많은 용어나 명칭의 혼용과 오용을 바로잡았다. 홍길주는 이 책을 읽은 뒤, "근거를 끌어옴이 정밀하고 해박하며, 변정하여 논란하는 것이 상세하고 자세해서 다른 논의를 용납하지 않는다. 다만 종종 지나치게 국한됨이 있는 것을 면치 못했다"라고 썼다. 홍길주는 "내가 한 권의 책을 지어 조목조목 따져 논박하려 했으나, 그의 아들과 사이좋게 지내는지라 그만두었다"라고 적기도 했다. 다산은 한번 논쟁을 시작하면 상대가 승복할 때까지 끝내지 않았다. 그는 자신의 잘못을 받아들일 준비가 되어 있었지만, 그런 일은 아예 없을 거라고 생각하는 편에 가까웠다.

근세의 1인자

홍길주는 다산에 대해 다음과 같은 평가를 또 남겼다. 6촌 동생 홍한주洪翰周가 쓴 『지수염필智水拈筆』에 나온다.

다산의 재주와 학문은 남보다 뛰어나 경사經史와 제자백가 외에 천문지리와 의약잡방醫藥襍方의 책도 해박하지 않음이 없다. 13 경은 모두 자신만의 견해가 있다. 저술한 책이 집에 가득한데, 『흠흠신서欽欽新書』와 『목민심서牧民心書』 같은 책은 또 모두 옥 사를 살피고 백성을 다스리는 자들을 위해 유용한 글이다. 이는 추사秋史에 견주더라도 높은 재주와 실다운 학문이 훨씬 높다. 단지 우리나라 근세의 1인자일 뿐 아니라, 중국에 가져다 두더 라도 마땅히 기윤紀昀이나 완원阮元의 아래에 두지 못할 것이다.

기윤은 청나라의 문화 역량이 결집된 『사고전서四庫全書』의 책임 편집자였고, 완원은 추사가 그를 스승으로 섬겨 호를 완당 阮堂으로 바꿨다던 경학대사經學大師였다. 홍길주가 보기에 다산 은 그들에 견줘도 막상막하였다. 그는 걸어 다니는 도서관이었 다. 그런 그가 세상을 뜨자 앞서 말했듯 홍길주는 수만 권의 서고가 무너진 것에 비겼다.

다산은 조선 학술사의 불가사의였다. 그는 초능력자였다. 공학이면 공학, 의학이면 의학, 문학, 예술, 종교, 천문, 국방, 지리전 분야에 그의 손길이 한번 스치기만 하면 난마와 같이 얽혀 있던 복잡한 문제들이 금세 제 얼굴을 드러냈다. 난공불락, 어떻게 해도 할 수 없을 것 같던 일이 그의 눈길에 가서 닿자 아무 일도 아닌 것처럼 쉽게 풀렸다. 어떻게 한 인간이 이런 경지에까지 도달할 수 있었을까?

그렇지만 그의 평생을 살펴보면 참으로 애잔하다. 현장에 투입되면 그는 펄펄 날았는데, 그는 소수당인 남인이었고, 천주교를 신봉했다. 이 족쇄가 그의 능력과 관계없이 평생 그의 발목을 잡았다. 무슨 일인가 해볼 만하다 싶으면 이 문제로 제동이 걸렸고, 막 뜻을 펼치려 들 때마다 덫에 걸리곤 했다. 그럼에도 그가 고통 속에서 일궈낸 학문의 위대한 금자탑을 바라보노라면 경외의 마음이 절로 일어난다.

인간에게 고통과 시련이란 무엇인가? 우리는 역경 속에서 어떤 자세를 지닐까? 나는 누구인가? 여기는 어디인가? 그리고 어디로 가고 있는가? 나는 다산을 통해 얻고 싶은 대답이 아직도 참 많다.

꼬마 신랑의 맹랑한 대답

산수에 능통하겠다

다산이 사용한 인장 중에 '구대옥당九代玉堂 오세한림五世翰林' 여덟 자의 인문印文을 새긴 것이 있었다. 9대에 걸쳐 옥당, 즉 홍문관 제학에 오르고, 5세를 이어 예문관 한림을 지낸 집안에 대한 자부를 담은 글귀다. 그의 집안은 기호畿湖 남인계 중에서도 시파時派에 속했던 당색이었다. 아버지 정재원丁載遠은 1762년 과거를 보지 않고 음직蔭職으로 참봉 벼슬에 올랐다.

소년의 예기는 어려서부터 도드라졌다. 네 살 때 『천자문千字文』을 배웠고, 여섯 살 때 연천현감이 된 아버지의 임소任所에 따

35

라가서 지냈다. 일곱 살 때 소년은 처음으로 5언시를 지었다.

작은 산이 큰 산을 가리운 것은   小山蔽大山
땅의 멀고 가까움이 달라서라네.   遠近地不同

작은 산은 큰 산을 가로막을 수 없지만 원근의 차이가 있고 보면 이것이 가능하다. 작은 산이라고 큰 산만 못할 것이 없고, 상황에 따라 얼마든지 큰 산을 가릴 수도 있다는 얘기다. 일곱 살짜리 꼬마의 생각이 당차고 기특하다.

시를 본 아버지가 한마디 했다.

"분수分數에 밝으니, 크면 역법曆法과 산수算數에 능통하겠다."

단 열 글자로 자식의 미래를 꿰뚫어 예견했다. 그 아들은 예견대로 자라서 역법과 산수 분야에 특출한 두각을 드러냈다. 배다리와 유형거를 만들고 기중가를 제작했으며, 수원 화성의 역사役事를 설계하기까지 했다. 다산의 모든 저작의 바탕에는 수학적 질서와 과학적 사유가 깔려 있었다.

여섯 살 때 연천현감이 된 아버지를 따라가 그곳에서 함께 생활했다. 일곱 살 때 천연두를 앓았다. 그나마 가볍게 지나가서 오른쪽 눈썹 중간 두 곳에 흉터를 남겼다. 덕분에 눈썹이 세 도막

이 나 스스로 삼미자三眉子라 불렀다. 일곱 살부터 열 살이 되기 전 세 해 동안 지은 글이 꽤 많았다. 이를 묶은 『삼미집三眉集』이 란 책이 있었으나 전하지 않는다. 떡잎부터 예사롭지가 않았다.

한창 어머니의 손길이 필요하던 아홉 살 때 모친 해남 윤씨가 세상을 떴다. 10세 때인 1771년에는 아버지 정재원이 연천현감 임기를 마치고 경기도 광주 마현의 고향 집으로 돌아왔다. 정재 원은 새로 과거를 볼 작정으로 이때부터 본격적으로 공부했지 만, 막상 1774년에 응시한 대과大科에서 낙방의 고배를 마셨다. 이후 그는 과거에 응시하지 않았다. 연천현감을 그만두고 묻혀 지낸 5년간 다산 형제들은 아버지의 훈도를 받았다.

다산은 경사를 배우면 배운 글을 본떠 바로 글로 지었다. 문체 가 원래의 글과 방불했다. 이렇게 1년 동안 지은 것이 제 키와 맞 먹었다. 13세 때는 두보의 시에 맛을 단단히 들였다. 아예 두보 시집을 앞에 놓고 통째로 그 운자를 써서 시를 짓기 시작해, 따 라 지은 시가 수백 수에 달했다. 아버지의 친구들이 놀러 왔다가 그 시를 보고 눈을 동그랗게 떴다.

어머니에 대한 기억과 결혼

다산의 기록 속에서 어머니 윤씨에 대한 기억은 이상하다 싶을 정도로 찾아보기 어렵다. 다산 유년기에 어머니 윤씨의 건강이 좋지 않아 특별한 사랑을 받고 자란 기억이 없었던 것이 아닌가 싶다. 큰형수를 위해 쓴 「구수공인이씨묘지명丘嫂恭人李氏墓誌銘」과 큰형 정약현丁若鉉에 대해 쓴 「선백씨진사공묘지명先伯氏進士公墓誌銘」에서 연천현감 시절 어머니가 술 담그고 장 달이던 여가에 형 내외를 불러 저포 놀이를 하게 하시며 즐거워하시던 기억을 적은 것이 어머니에 대한 추억의 전부다.

다산은 아홉 살에 어머니가 돌아가셨을 때 머리에 이와 서캐가 득실대고, 얼굴이 때로 꾀죄죄하던 자신을 날마다 씻기며 빗질해주던 형수에 대한 애틋한 기억을 적었다. 막내였던 다산은 당시 온 식구들이 밉살스럽게 여겼을 정도로 심술을 부리면서 자신에게 잘해주려는 형수에게 되레 못되게 굴었다. 어머니를 잃은 상처 때문이었을 텐데, 정작 다산의 글 속에서 어머니에 대한 기억은 따로 찾아볼 수가 없다.

열두 살 때 아버지 정재원은 숙인淑人 김씨를 측실로 들였다. 이후로는 서모庶母 김씨가 다산의 머리를 빗겨주고 부스럼이 나

38

서 헌 곳의 고름과 피를 씻어주었다. 서모는 장가들 때까지 다산의 옷 바느질과 빨래를 도맡았다. 다산은 특별히 서모 김씨와 정이 두터워 서모 소생의 서제庶弟 정약횡丁若鑮과도 사이가 각별했다.

장가는 열다섯 나던 1776년 2월 15일에 들었다. 무과에 급제해 병마절도사를 여러 번 거쳐, 문과 출신만 한다는 승지까지 지낸 홍화보洪和輔가 그의 장인이었다. 아내는 그의 외동딸이었고 다산보다 한 살 위였다. 여기에 1938년 최익한이 전한 이야기가 하나 있다. 혼례를 올리던 날, 아홉 살 연상의 사촌 처남 홍인호洪仁浩가 보니 새신랑은 수염 한 올 없는 맨송맨송한 꼬마였다.

그가 이렇게 놀렸다.

"사촌 매부는 삼척동자라四寸妹夫, 三尺童子."

매부가 온다 해서 봤더니, 고작 삼척동자 아이가 왔다고 했다.

꼬맹이 새신랑은 아무렇지도 않게 그 자리에서 바로 되받았다.

"중후의 장손이 경박한 소년일세重厚長孫, 輕薄少年."

'사촌'과 '삼척'을 대구 삼아 '요런 귀여운 꼬맹이를 봤나' 하고 농을 걸었다. 대뜸 '중후'와 '경박'을 맞걸어, 묵직해야 마땅할 장손이 그런 소년 같은 경박한 말을 해서야 되겠느냐고 꾹 눌러버린 것이다.

처남은 어린 매부의 당찬 반격에 그만 기가 질렸다. 소년을 동자라고 놀리자, 그 동자가 청년을 소년으로 끌어내렸다. 더 놀라운 것은 사촌 처남 홍인호 조부의 이름이 홍중후洪重厚였다는 점이다. 중후란 표현에 중의重義를 담았다. 놀라운 순발력에 지기 싫어하는 성정까지 단박에 드러났다.

요것 봐라! 보통내기가 아니로구나. 되로 주고 말로 받았다. 낄낄 웃고 놀리려다 정색을 한 꾸지람과 만난 셈이었다. 웃고 넘겼지만 뒤끝이 남았다. 홍인호와는 이 일로 급격히 친해졌다. 그러나 훗날 홍인호는 남인 공서파攻西派로 돌아 다산을 정면에서 공격하는 자리에 섰다. 처조부의 이름자를 실제로 이렇게 입에 올릴 수는 없었겠지만, 어린 시절 다산의 예기를 보여주려는 의도가 담긴 일화다.

장인 홍화보

다산의 장인 홍화보는 일찍이 영조 때 서생 신분으로 천거를 받아 선전관宣傳官에 올랐던 인물이다. 그는 임금 정조의 특별한 사랑을 받았는데, 그럴 만한 이유가 있었다. 1762년 윤5월 13일,

영조가 사도세자에게 자진할 것을 명했을 때, 의관 방태여方泰興가 세자에게 약을 올렸다 하여, 임금은 선전관에게 방태여의 목을 베어 오게 했다.

선전관이 방태여의 목을 베려 하자 홍화보가 말했다.

"사람의 목숨은 지극히 중하다. 임금께서 머리를 잘라 오라고 했지 목을 베라고는 하지 않으셨다. 머리와 두발은 같은 말이니, 마땅히 상투만 베어서 올리도록 하게."

명을 받은 선전관은 임금의 서슬이 두려워 그의 말을 따르려 하지 않았다.

홍화보가 말했다.

"만약 죄를 얻는다면 내가 시켜서 그랬다고 말하게. 내가 감당하겠네."

그렇게 잘린 상투만 달랑 올라가자 영조가 화를 버럭 냈다. 홍화보가 시켜서 그랬다고 하자, 홍화보를 불렀다.

그의 대답이 이랬다.

"사람의 목숨이 중한지라 머리를 자르라 하셔서 머리와 머리카락을 똑같이 머리라 하므로 머리카락만 잘라 분부를 기다렸나이다."

대답을 들은 영조는 어이가 없었던지 마침내 그대로 두었다.

방태여는 홍화보의 기지로 이날 목숨을 구했다.

며칠 뒤 사도세자가 뒤주에 갇힌 뒤에 발로 차서 판자 하나를 열었을 때도 홍화보가 궁료 임성任城에게 알려주어 마실 것을 바치게 했다. 무더위에 뒤주 속에서 죽어가던 세자에게 부채를 바쳤던 것도 홍화보였다. 정조는 이 일을 오래 기억에 담아두었다가 자신이 보위에 오른 뒤에 그를 높여서 썼다. 이 사연은 사도세자의 죽음에 이르기까지의 곡절을 담은 『현고기玄皐記』에 상세히 나온다.

홍화보는 무인의 기개가 남달랐다. 채제공蔡濟恭이 노론에게 몰려 목숨이 위태롭던 시절에 문생뿐 아니라 절친했던 이들이 모두 등을 돌렸을 때도 그는 끝끝내 채제공을 저버리지 않았다. 한번은 그가 채제공의 집을 찾아가자, 채제공이 청지기에게 홍화보가 타고 온 말을 문 앞에 세워두지 말고 마당으로 들어서 매어두라고 명했다. 홍화보가 연유를 묻자, "누가 보면 그대에게 누가 될까 염려가 되어서라오"라고 대답했다. 공연히 자기를 찾아왔다가 불이익을 당할까 봐 한 배려였다.

홍화보가 웃으며 씩씩하게 대답했다.

"별걱정을 다 하십니다. 남들이 모르게 하려면 애초에 오지를 말았어야지요. 누가 될까 걱정했다면 제가 여길 왔겠습니까?"

그러고는 말구종을 불러 말했다.

"말을 문 앞에 묶어두거라. 누구 말이냐고 묻는 자가 있거든 회현방 사는 홍 병사가 채 판서를 방문하러 왔다고 대답하거라."

이 말을 듣고 채제공이 껄껄 웃었다. 그의 사람됨이 이러했다. 다산이 훗날 채제공의 사람이 된 데는 장인의 이 같은 교분이 무관치 않았다. 다산의『혼돈록混沌錄』에 나온다.

장인 홍화보는 1776년 8월 15일에 평안도 운산雲山 땅으로 유배를 갔다. 다산이 결혼한 지 6개월 만의 일이었다. 당시 그는 나는 새도 떨어뜨린다는 홍국영(洪國榮, 1748-1781)의 심기를 건드렸던 모양이다.

유배를 떠날 때, 친지들이 이제라도 늦지 않았으니 홍국영에게 뇌물을 보내 그의 노여움을 풀라고 하자, 홍화보가 말했다.

"그대들은 홍국영을 태산으로 보는군. 그는 금세 녹을 빙산에 지나지 않아."

무인으로서의 기개가 시퍼렇게 살아 있었다.

『다산시문집茶山詩文集』앞쪽에「운산으로 귀양 가는 장인, 절도사 홍화보를 전송하며送外舅洪節度和輔謫雲山」란 작품이 실려 있다. 소년 사위가 귀양길에 오르는 장인에게 준 시는 이렇다.

이별길에 가을빛 돋아나는데	別路生秋色
작별하는 정자에선 호방한 노래.	離亭發浩歌
힘겹게 학령鶴嶺을 넘어가서는	靡靡踰鶴嶺
아득히 용하龍河를 건너가시리.	沓沓出龍河
남해에선 밝은 구슬 값도 없더니	南海明珠賤
서관西關엔 백설만 담뿍 쌓이리.	西關白雪多
빙산은 가늠할 수 없는 법이라	氷山未可料
맘 편히 풍파를 건너옵소서.	安意度風波

　장인이 유배길에 오른 것은 하필 추석 당일이었다. 산천엔 스산한 가을빛이 깃들어가는데, 이별 자리에서는 뜻밖에 호방한 노래가 울려 퍼진다. 불의 앞에 무릎 꿇지 않는 장인의 기개를 높였다. 홍화보의 직전 벼슬은 전라좌도 수군절도사였다. 5구의 남해의 구슬 값은 제대로 알아주는 대접을 못 받았다는 뜻이다. 이제 멀리 서관 땅 운산으로 귀양을 가면 흰 눈 속에 덮여 존재마저 잊힐 것이다.

　7구의 빙산은 앞서 홍화보가 친지에게 했다는 말에서 끌어왔다. 지금은 빙산의 위세에 눌려 풍파의 세월을 지내시겠지만, 안의安意, 즉 마음을 편안히 잡수시고 이 힘든 시간을 건너가시라는 말씀이었다. 빙산은 얼마 못 가 녹게 되어 있다. 15세 소년 사위의 마음속에는 이미 듬직한 어른이 들어 있었다. 홍화보는 이 듬해 11월 26일에 유배지에서 돌아왔다.

어렸지만 듬직했으므로 홍화보는 다산을 몹시 아꼈다. 홍화보의 예견대로 빙산이 녹아 홍국영이 실각하자 그는 다시 경상우도 병마절도사가 되어 진주로 부임했다. 1780년 봄, 다산은 아내 홍씨와 함께 장인을 뵈러 갔다. 장인은 사위를 위해 촉석루에서 성대한 연회를 베풀어주었다.

다산은 이 자리에서 그 유명한 진주 검무劍舞의 현란한 춤사위를 구경하고, 「칼춤 시를 지어 미인에게 주다舞劍篇贈美人」란 7언 32구에 달하는 장시를 지었다. 19세 때였다. 읽어보면 가락이 살아 있고 묘사가 핍진해서 검무의 춤사위가 그대로 떠오른다. 이미 난숙한 솜씨였다.

홍화보에게는 지난날 영조가 특별히 하사한 각궁角弓이 있었다. 내원內苑의 활쏘기에서 홍화보가 열 발을 쏘아 한 발도 못 맞추자, 임금이 그의 활을 달라 하여 보시고는 "네 솜씨보다 활이 문제다. 이렇게 늘어진 활로 어이 맞추리" 하고는 자신의 활에 살을 매겨 과녁에 당기자 표적에 정확하게 맞았다. 그러고는 그 활을 홍화보에게 선물로 하사했다.

홍화보는 이 귀한 가보를 아들이 아닌 사위인 다산에게 물려주었다. 뒤에 다산도 규장각에 들어가 내원에서 활쏘기 시험이 있을 때마다 번번이 과녁을 벗어나 벌을 받았다. 장인에게서 받은 각궁으로 쏘게 되면서 과녁을 잘 맞춰 상을 받을 수 있게 되었다. 다산은 「홍 절도사에게 임금이 하사한 각궁기洪節度御賜角弓記」란 글에서 그 전후 사정을 자세히 썼다.

마갈궁의 운명

마갈궁과 태양증

1820년 9월 4일에 영남 쪽의 어떤 벗에게 보낸 친필 편지에서 다산은 이렇게 썼다.

> 제가 일생이 마갈궁磨蝎宮의 운명인지라, 단지 허무虛無라는 두 글자뿐입니다此身一生磨蝎, 只是虛無二字.

다산은 18년의 긴 유배 끝에 57세의 중늙은이가 되어 돌아왔다. 그토록 그리던 고향 집은 낡고 퇴락해 더 이상 기억 속의 그

집이 아니었다. 허망하고 허무했다.

편지에서 자신의 일생을 마갈궁의 운명이라 말한 대목이 목에 컥 걸린다. 고대 점성가들은 이 운세를 타고난 사람은 높은 재주에도 평생 좌절과 비방 속에 곤고히 살다 갈 운명으로 보았다. 중국에서는 당나라 때 한유韓愈와 송나라의 소식蘇軾이 마갈궁이었다.

소동파蘇東坡는 『동파지림東坡志林』에서 한유가 쓴 「삼성행三星行」이란 시를 보고 그가 마갈궁임을 알았는데, 자신도 같은 마갈궁이어서 평생 비방과 기림을 많이 받아, 그에게서 동병상련의 정을 느낀다고 쓴 일이 있다.

우리나라에서 마갈궁의 운명을 타고난 사람으로는 허균許筠과 박지원朴趾源이 더 있다. 허균은 「해명문解命文」에서 마갈궁의 운명을 타고난 자신의 불우를 탄식했다. 연암 박지원의 아들 박종채朴宗采가 정리한 『과정록過庭錄』에는, 북경에 간 집안사람이 그곳 점쟁이에게 연암의 사주를 보이자, "이 운수는 마갈궁이오. 한유와 소식이 이것과 같았소. 반고班固나 사마천司馬遷 같은 문장이지만, 일없이 비방을 부를 것이오"라고 했다는 일화가 적혀 있다.

평생 구설을 달고 다니다 비명에 죽은 조선 최고의 천재 허균,

『열하일기熱河日記』 한 편 한 편이 나올 때마다 앞다투어 베끼느라 장안의 종이 값이 올랐다는 조선 최고의 문장가 박지원이 마갈궁의 운명을 타고났다. 그리고 정조 임금 곁에서 절정의 시기를 꿈꾸다가 급전직하 18년간의 유배로 세상에서 내쳐진 조선 최고의 학자 다산 또한 자신이 마갈궁의 운명이었노라 술회했다. 세 사람 모두 우뚝한 역량에도 불구하고 구설과 비방이 평생을 따라다녔다.

마갈궁의 운명을 지닌 이들의 행동 특성은 이렇다. 첫째, 압도적 재능과 총기를 타고난 천재들로 특히 문장에 뛰어나다. 둘째, 수틀린 꼴을 두고 못 보아, 이로 인해 말 못 할 시련을 겪더라도 무릎 꿇거나 타협하지 않는다. 셋째, 쉽게 갈 수 있는데 굳이 어려운 길을 골라 고통을 자초하고, 옳지 않은 길은 죽어도 안 간다. 넷째, 설령 일확천금의 기회가 생겨도 거들떠보지 않고, 어떤 권력 앞에서도 할 말은 다 한다. 그러니 그 운수가 순탄할 리 없다.

다산은 34세 때인 금정찰방金井察訪 시절에 이익운李益運에게 보낸 「이계수에게 답함答李季受」에서는 자신의 성품에 대해 조금 달리 설명했다.

제가 습성이 조급해서 함양涵養에는 소질이 없습니다. 주자朱子

께서 말씀하신 태양증太陽症을 눌러 앉히기가 가장 어려워, 굳이 애를 써서 가라앉히려 들면 도리어 번울증煩鬱症이 일어납니다. 이것은 애초부터 막아 눌러도 능히 면할 수가 없는데, 오래오래 애를 쓴다고 해서 점차 순화될 수 있을는지요?

주자는 자신의 결점으로 태양증을 꼽았다. 양기가 너무 강해 남을 굴복시키거나 지배해야 직성이 풀리는 성품을 병증에 견주어 말한 것이다. 지기 싫어하는 마음이 꺾이지 않는 오기를 만들고, 그 오기로 인해 쉽게 넘어갈 수 있는 일도 어렵게 가고 만다. 굳이 그 마음을 다스려 눌러 앉히려 들면 번울증이 일어나 심화가 끓어 견딜 수 없는 상태가 된다고 썼다. 자신의 직선적이고 저돌적인 성품에 대해서 다산 본인도 이미 잘 인지하고 있었다.

신참례 거부 소동

1789년 3월 13일에 대과 합격 방이 붙었다. 다산은 오랜 수험 생활을 끝내고 마침내 벼슬길에 발을 디뎠다. 며칠 뒤 판서 권엄 (權曮, 1729-1801)이 주관한 축하연이 열렸다. 이른바 신참례新參禮

라는 것으로 급제자에게 갖은 재주를 부리게 하여 곤욕을 안겨
주는 악명 높은 신고식이었다.

먼저 급제자의 얼굴에 먹칠을 해서 까마귀를 만들었다. 급제
자들이 깜둥이 얼굴로 들어서자 다들 이제부터 시작이니 각오
하라는 표정으로 앉아 있었다. 곧이어 하늘을 쳐다보고 크게 웃
기, 절름발이 걸음으로 게 줍는 시늉하기, 부엉이 울음 흉내 내기
등 짓궂은 요구가 쉼 없이 이어졌다. 소리가 작다고 야단하다, 시
늉이 그게 뭐냐고 타박하고, 부엉이 울음에 고양이 소리를 낸다
고 다시 시켰다. 난감해하는 표정 앞으로 깔깔대는 키득거림이
가득했다. 이 통과의례가 끝나야만 합격을 축하하는 질펀한 술
자리가 제대로 시작될 터였다.

다산은 제 차례가 와도 꿈쩍도 안 했다.

"이 사람, 왜 이러나? 즐거운 자리가 아닌가?"

곁에서 옆구리를 찔러도 다산은 까마귀 얼굴로 정색을 한 채
들은 체도 않았다. 들떠 시끌벅적하던 분위기가 순식간에 싸늘
해졌다. 다산은 끝내 요구에 따르지 않았다.

좌장 격이던 권엄이 벌떡 일어서며 말했다.

"우리가 고고한 군자를 모셨네그려!"

그러고는 밖으로 나가버렸다. 먼저 우스개 노릇을 했던 다른

합격자들이 머쓱해졌다. 잔치는 그길로 파장이 났다.

한동안 신참의 무례한 행동으로 조정 안에 말이 들끓었다. 얼마 뒤 권엄이 다산에게 편지를 보냈다. 처음 만나 윗사람들과 허물없이 잘 지내자고 해온 오랜 장난의 일을 그토록 정색을 하고 거부하면, 시킨 사람은 대체 뭐가 되느냐는 나무람이었다. 다산이 답장했다.

새 급제자의 얼굴에 먹칠을 하는 장난은 유래가 오래입니다. 고려 말에 높은 벼슬아치의 자제가 어린 나이에 과거에 급제하면 붉은 분으로 얼굴을 꾸몄던 것인데, 오래되자 장난으로 변해 마침내 먹으로 대신하였으니 대개 나쁜 습속일 뿐입니다. 하지만 먹칠한 낯으로 나아가고 물러나는 것은 제 스스로 한 것이 아닌지라, 저 또한 아무렇지 않게 받아들였습니다. 하지만 하늘을 우러러 크게 웃거나, 절름발이 걸음으로 게를 줍고 부엉이 울음을 흉내 내는 것은 제가 직접 해야 하는 것이어서 비록 명을 받들려고 애를 써보려 했지만 천성이 졸렬한 데다 위축되어서 목소리가 목구멍에서 나오질 않고, 발걸음도 떨어지지 않는 걸 어찌한단 말입니까? 진실로 공경하여 삼가는 마음을 속에 지닌지라, 나태하고 심한 모습을 밖으로 펼 수 없었던 것일 뿐입니다. 제가 이에 있어 어찌 터럭만큼이라도 게을러 공경스럽지 못한 뜻이 있기야 했겠습니까?

『다산시문집』에 실린 「권 판서에게 올리는 글上權判書書」의 주요 대목이다. 먼저 망령되고 경솔한 행동으로 선배와 어른께 잘못을 범해 송구하기 짝이 없다는 뜻을 적고, 당시 자신의 돌출 행동을 해명했다.

수백 년 관습적으로 행해오고, 누구나 그러려니 알고 있던 일이었는데, 다산은 그렇게 하지 않았다.

"건방진 놈, 신참 주제에 가르치려 들어!"

다산의 데뷔는 이렇듯 시작부터 시끌벅적했다.

하지만 정조는 며칠 뒤인 3월 20일에 기다렸다는 듯이 서영보徐榮輔 등과 다산을 왕립 학술 기관인 규장각의 초계문신抄啟文臣에 임명했다. 다산의 규장각 시절이 이렇게 해서 시작되었다.

아양을 떨고 동정을 애걸하란 말이냐?

강진 유배가 만 8년째로 접어들던 1809년 가을, 맏아들 정학연

丁學淵이 다산에게 편지를 보냈다.

아버님, 임금께서 능행하실 때 소자 앞길을 막고 징을 울려 아버님의 억울함을 호소하렵니다. 탄원서의 초고를 보내오니 살펴보아 주소서.

부친의 억울함이 풀려야 자식들도 과거를 보아 벼슬길에 나설 수 있을 터였다. 아들의 편지는 아버지를 위해서라기보다 "저희들 좀 살려주세요" 하는 애원에 가까웠다.

다산은 아들의 편지를 받고 벗 김이재金履載에게 글을 썼다.

아들아이가 내 억울함을 탄원하겠다고 초고를 보내왔기에 그러지 말고 때를 기다리라 했습니다. 세상에서는 아비가 아들에게 그리하라고 시켰다고 할 게 아닙니까? 제 몸이 살아 돌아가느냐 마느냐는 그저 이 한 몸의 기쁨과 근심일 뿐이지만, 지금은 온 백성이 다 구렁에 빠져 죽게 되었으니 장차 이를 어찌한단 말입니까? 관리의 탐욕은 열 배나 더하고, 굶어 죽은 시체가 가을인데도 도로에 널렸습니다. 저 하나 살고 죽고를 따질 계제가 아니지요.

그해는 혹독한 흉년이었다. 『다산시문집』에 실린 「김 공후에게 보냄與金公厚」은 워낙 긴 편지라 원문 그대로가 아니라 문맥으로 간추려 풀었다.

강진에서의 유배가 10년째로 접어들 무렵인 1810년 9월, 맏아들 정학연은 마침내 능행에 나선 임금의 행차를 막고 격쟁擊錚하여 아비의 방면을 청했다. 이에 유배를 풀어 고향 집으로 방축하라는 왕명이 내렸다. 하지만, 홍명주洪命周와 이기경李基慶의 극렬한 반대로 해배는 무산되고 말았다. 이후로도 같은 일이 계속 되풀이되었다.

보다 못한 아들이 1816년 4월, 아버지에게 편지를 썼다.

아버님, 한 번만 그들에게 고개를 숙이셔서 석방을 빌어보시지요.

다산의 답장은 이랬다. 조금 풀어서 쓴다.

세상에는 두 가지 기준이 있다. 시비是非와 이해利害가 그것이다. 옳은 것을 지켜 이롭게 되는 것이 가장 좋고, 옳은 일을 해서 손해를 보는 것이 그다음이다. 그른 일을 해서 이익을 얻는 것이 세 번째고, 그른 일을 하다가 해를 보는 것은 네 번째다. 첫 번째는 드물고, 두 번째는 싫어서, 세 번째를 하려다 네 번째가 되고 마는 것이 세상의 일이다. 너는 내게 그들에게 항복하고 애걸하라고 하는구나. 이는 세 번째를 구하려다 네 번째가 되라는 말과 같다. 내가 어찌 그런 짓을 하리. 이는 그들이 쳐놓은 덫에 내 발로 들어가라는 말이 아니냐? 나도 너희들 곁으로 돌아가고 싶다. 하지만 죽고 사는 문제에 견주면 가고 안 가고는 아무것도 아니지. 하찮은 일로 아양 떨며 동정을 애걸할 수는 없지 않느냐?

다산은 아들의 간청에도 불구하고 18년간의 유배를 견디면서 살려달라는 편지 한 장 쓰지 않았다. 부끄러운 것이 없고 잘못한 일이 없는데 제가 먼저 굽히는 것은 마갈궁의 운명을 타고난 사람은 결단코 할 수 없는 일이었다.

정약용이 영남의 한 벗에게 보낸 편지. 다산은 자신이 마갈궁의 운명이라 '허무'라는 두 글자뿐이라 토로했다. 편지 상단 왼쪽의 옆으로 쓴 두 줄에 해당 구절이 있다. 수원화성박물관 소장.

따르되 추종하지 않는다

성호로부터 시작된 큰 꿈

다산의 학문은 어디서 왔나? 아버지 외의 스승은 누구인가? 결혼 이듬해인 1777년, 서울 생활을 시작한 16세의 다산은 성호星湖 이익李瀷의 유고를 처음 읽고 큰 충격을 받았다.

훗날 다산은 자질子姪들에게 늘 이렇게 말했다.

"내 큰 꿈[大夢]은 성호 선생을 사숙私淑하는 가운데서 깨달은 것이 대부분이다."

사숙은 마음으로 스승을 삼아 본받아 배운다는 말이다. 「자찬묘지명自撰墓誌銘」에서는 또 이렇게 썼다.

열다섯에 장가들었는데, 마침 아버님이 다시 벼슬하여 병조좌랑이 되시는 바람에 서울에서 살게 되었다. 이가환李家煥 공이 문학으로 한 세상에 명성을 떨쳤고, 자부姊夫인 이승훈李承薰이 몸을 단속하고 뜻을 가다듬어, 성호 선생의 학문을 뒤따르고 있었다. 내가 그가 남긴 책을 보고 기쁘게 학문할 마음을 먹었다.

성호는 다산이 두 살 때에 이미 세상을 떴다. 공부는 이렇게 하는 거로구나. 성호의 책을 읽는데 문득 이런 자각이 왔다. 질문의 경로를 바꿔, 오로지 자기 생각에서 나온 힘 있는 목소리였다. 성호는 끊임없이 의문을 제기하고, 그것을 메모한 뒤, 자신의 견해를 펴보였다. 그의 글에는 질문이 살아 있었다. 당연시되던 경전의 행간이 성호가 질문을 던지자 문득 알 수 없는 미궁으로 변했다. 전복시키고 해체하니 성인의 본뜻이 선명하게 드러났다. 다산은 성호의 책을 통해 질문의 방법과 태도를 익혔다.

성호는 질서疾書를 중시했다. 질서란 그때그때 떠오른 생각을 빠르게 적어 메모하는 방법을 말한다. 성호의 공부는 메모 공부였다. 다산은 이 성호의 공부법을 사숙했다. 물어도 대답 없는 스승을 모시고, 자기가 묻고 스스로 답하는 공부를 했다. 혼자 하는 공부라 선입견이 없었다. 기성관념에 끌려다니지 않았다.

22세 나던 1783년 2월에 다산은 세자 책봉을 축하해 열린 증광시增廣試에 응시해 경전의 뜻을 풀이하는 과목으로 초시初試에 합격했다. 잇달아 4월의 회시會試에서 생원이 되었다. 성적은 썩 높지 않았다. 이것으로 성균관에서 공부할 자격을 얻었다.

이듬해 1784년 여름, 정조는 『중용中庸』에 대해 70조목에 걸친 문제를 냈다. 제출해야 할 답안이 일흔 가지라니, 모두들 난감해했다. 더욱이 첫 문제가 사단칠정四端七情과 이기理氣의 나뉨에서 퇴계退溪와 율곡栗谷의 견해차를 논하는 난제였다. 어느 것 하나 붓을 대기가 쉽지 않았지만 첫 문제가 특히 어려웠다. 함께 공부하던 제생들은 짜 맞춘 듯 모두 퇴계의 사단이발四端理發을 정론으로 내세웠다. 다산은 생각이 달랐다. 그에게는 율곡의 기발설氣發說이 명쾌하고 막힘이 없었다. 율곡의 손을 든 다산의 개성적인 답안은 당시 일반적 논의에서 많이 비켜나 있었다. 비방하는 의론이 시끄럽게 일어났다.

며칠 뒤 정조가 승지 김상집金尙集에게 말했다.

"이 답안은 세속을 훌쩍 벗어났군. 오직 제 마음으로 가늠한 것이라 견해가 분명하고 적확할 뿐 아니라, 치우치지 않는 마음이 귀하다 할 만하다. 1등으로 하라."

다들 그 결과에 경악했다.

이 말을 듣고 물러 나온 김상집이 홍인호에게 물었다.

"정약용이 누군가? 문학은 어떠한가? 오늘 경연에서 유시하시기를, '성균관 유생들이 질문에 대답한 것은 대부분 거칠고 무잡한데 정약용의 대답만 특이하더군'이라고 하셨다네."

다산이 정조의 눈에 든 첫 번째 사건이었다. 이에 앞서 정조는 『사칠속편四七續編』을 지었는데, 오로지 율곡의 학설을 위주로 한 것이었다. 다산은 물론 이 사실을 전혀 몰랐다. 두 사람은 우연히 기맥이 맞았던 것이다. '제 마음'으로 하는 다산의 공부가 이렇게 시작되었다.

세상이 모두 당연하게 받아들여도 마음으로 승복되지 않으면 따르지 않는다. 질문의 포인트를 명확하게 갈라 논거를 들어 핵심을 찌른다. 선입견 없이 문제에 집중한다. 이것이 평생을 일관한 다산의 공부 방식이었다. 다산은 눈치 보지 않았다. 문로에 따라 정해진 공부를 해왔다면 불가능할 일이었다.

막힌 길을 새로 내고 자물쇠를 철컥 열다

───────

강진 시절 다산은 흑산도의 정약전丁若銓에게 편지를 썼다.

성옹星翁의 문자는 거의 100권에 가깝습니다. 혼자 생각해보니 우리가 능히 천지의 큼과 일월의 밝음을 알 수 있게 된 것은 모두 이 노인의 힘입니다.

이문달李文撻에게 보낸 답장에서도 이렇게 썼다.

지금 바른 학문은 쇠퇴하고 속된 논의가 드셉니다. 그래도 퇴계 선생의 뒤에 다시금 성호 옹이 있음에 힘입어 우리가 남기신 글을 사숙하여 또한 그 문로를 얻기에 충분하였습니다.

22세 때 경기도 안산에 있던 성호의 옛집을 지나면서 지은 시도 있다. 제목이 「섬촌 이 선생의 옛집을 지나다가過剡村李先生舊宅」이다.

도맥이 늦게서야 동국 전하니	道脈晩始東
설총薛聰이 맨 처음 앞을 열었지.	薛聰啓其先
전해져 포은圃隱과 목은牧隱에 미쳐	傳流逮圃牧
충의로 치우침을 건지었다네.	忠義濟孤偏
퇴계 선생 주자의 학통을 펴서	退翁發閩奧

천년 만에 적통을 전함 얻었네.	千載得宗傳
육경의 가르침 이의가 없어	六經無異訓
백가가 훌륭하다 떠받들었지.	百家共推賢
맑은 기운 동관潼關으로 모여들더니	淑氣聚潼關
환한 글이 섬천剡川에 환히 빛났네.	昭文耀剡川
담은 뜻 공맹孔孟과 아주 가깝고	指趣近鄒皁
풀이는 공융孔融 정현鄭玄 뒤를 이었네.	箋釋接融玄
덤불에 한 줄기 길을 내시고	蒙茸豁一線
굳게 닫힌 자물통을 철컥 여셨지.	扃鐍抽深堅
지극한 뜻 못난 나는 가늠 못 하나	至意愚莫測
움직임이 오묘하고 깊기도 하다.	運動微且淵

먼저 동국 유맥의 전승을 설총에서 포은과 목은을 거쳐 퇴계가 주자의 정맥을 잇고, 이를 다시 성호가 받았다고 정리했다. 성호는 평안도 벽동군에서 태어나 광주부 섬촌, 지금의 안산에 뿌리 내렸다. 9구의 동관과 10구의 섬천이 이를 말한 것이다. 오래 끊겼던 도통道統이 주자에서 퇴계로 전해지고, 성호가 이를 받아 공맹의 본뜻이 비로소 환하게 드러났다고 기린 것이다.

성호가 제기한 경학상 질문은 한나라 때 공융과 정현의 주석

전통을 이은 것이다. 경학의 차원이 여기서 한층 높아졌다. 덤불에 막혔던 길이 한 줄기 다시 뚫리고[豁一線], 굳게 닫혔던 녹슨 자물통이 철컥 소리를 내며 열렸다[抽深鍵]. 얼마나 통쾌한가? 하지만 다산은 자신의 공부가 아직 얕아서 그 은미하고 깊은 뜻을 가늠할 길 없음이 안타깝다고 썼다.

질문을 본받고 답을 버리다

그렇다고 다산이 성호의 학설을 맹목적으로 추종한 것은 아니었다. 이것이 가장 다산다운 점이다. 「상중씨上仲氏」에서는 "『성호사설星湖僿說』은 지금의 소견으로 마음대로 간추려 뽑게 한다면 『서경書經』의 「무성武成」과 똑같을까 걱정입니다. 한 면당 10행 20자로 쓸 경우 7, 8책을 넘기지 않고 알맞게 마칠 수 있을 듯합니다"라고 썼다. 젊은 시절 자신을 압도한 성호의 학문이 공부에 눈을 뜬 뒤에 거듭 보니 거칠고 정돈되지 않은 부분이 많이 보였다.

「무성」은 『서경』의 편명이다. 고문본 『상서尙書』에만 들어 있어 흔히 위작僞作으로 꼽는 부분이다. 맹자孟子는 자신은 「무성」

편에서 두세 가지만 취할 뿐 신뢰하지 않는다고 말하기까지 했다. 다산의 말뜻은 자신에게 맡겨 『성호사설』과 『질서疾書』를 간추리게 한다면 현재의 방만한 글 중에서 고작 열에 두셋 정도만 남기고 다 빼버리겠다는 의미다. 지금 남은 『성호사설』이 30권 분량인데, 이것을 정수만 간추려 7, 8책으로 압축하자고 말한 셈이니 쉽게 할 수 있는 말이 아니다.

다산은 한 수 더 떠서 이렇게까지 말했다.

다만 『예식禮式』의 경우 너무 간소한 데서 잃었을 뿐 아니라, 지금 풍속에도 어긋나고 옛 예법에서도 근거를 찾을 수 없는 것이 이루 셀 수가 없습니다. 만약 이 책을 널리 퍼뜨려 식자의 안목 속에 들어가게 한다면 대단히 미안한 노릇일 터인데 이 일을 장차 어찌합니까?

영남대학교 도서관에 다산의 손때가 묻은 『독례통고讀禮通攷』란 책이 소장되어 있다. 책장을 넘길 때마다 다산의 메모가 빼곡하게 줄지어 나온다. 이 메모들은 해당 본문에 대한 코멘트와 자기 생각을 담았다. 때로는 논문 한 편에 해당하는 규모 있는 기록도 들어 있다.

이 가운데 권 49에 실린 1802년 9월 5일의 메모는 분량이 많고 내용도 흥미롭다. 다산은 서두에서 쟁점을 먼저 정리하고, 이에 대한 사계沙溪 김장생金長生의 주장을 소개했다. 이어 성호 이익이 이에 대해 신랄하게 비판한 내용을 자세하게 실었다. 다음 면의 첫 줄은 '용안鏞案'으로 시작되는데, 앞서 두 사람의 상이한 관점에 대해 다산 자신의 견해를 밝혔다. 놀랍게도 다산은 성호의 비판을 정면으로 반박했다. 성호의 주장이 잘못임을 조목조목 축조 분석한 뒤, 자신은 김장생의 주장에 손을 들어주겠노라고 썼다.

젊은 시절 다산을 압도했던 성호의 학문이 중년 이후에는 열에 일고여덟은 걷어내야 할 군더더기로 보였다. 이 같은 거침없는 태도는 때로 오만으로 비쳤다. 다산은 성호에게서 배웠다. 그가 배운 것은 선입견을 배제한 공정한 논의와 정론을 향해가는 치열한 탐구의 태도였다. 다산은 성호가 당연시되던 것에서 의문을 일으켜 질문을 구성하고 전략을 세워 답을 찾아가는 과정을 본받고자 했지, 답 자체는 아니었다.

무등산의 기운과 동림사의 겨울 공부

신혼의 과거 공부

16세 나던 1777년 10월 초, 다산은 화순현감으로 내려가는 아버지를 모시고 함께 길을 떠났다. 신혼의 부부는 2년 뒤인 1779년 2월, 다산이 상경할 때까지 햇수로 3년간을 떨어져 지내야 했다. 이때는 4형제 중 다산만 부친을 따라갔다. 화순 관아에 딸린 곁채인 금소당琴嘯堂에서 과거를 위한 본격적인 공부가 시작되었다.

그 지역에 사는 진사 조익현曹翊鉉이 새 사또의 아들을 찾아와 공부 이야기를 하고 갔다. 독서에 더 집중하게 하려는 아버지의 보이지 않는 배려였다. 다음은 그를 만나고 나서 다산이 쓴 시다.

쓸쓸한 대숲 속 집	蕭寥竹裏館
야인野人 찾음 기쁘도다.	頗喜野人來
멋진 선비 보았으니	快士如今見
관아 문을 열어두리.	官門自此開
육경 얘기 한참 하고	淋漓譚六籍
석 잔 술을 마셨다네.	牢落倒三杯
나이 잊고 사귐 맺어	好結忘年契
마음 기약 시원하다.	襟期賴漸恢

　조익현은 호걸스러운 인물로, 훗날 그가 세상을 뜨자 다산은 그를 두고 "이런 작은 고을에 왔는데도 이 같은 사람이 있으니, 남자는 사방을 노닐지 않을 수가 없다"라고 술회했을 정도였다. 이후 성균관에서 7년간 거처하며 당대 명사를 다 만나 교유했지만 조익현 같은 사람은 본 적이 없었다고도 했다.

　그해 겨울, 다산은 들어앉아 독하게 책만 읽었다. 화순은 오성烏城으로도 불렸다. 이듬해인 1778년 봄 2월에 쓴 「춘일오성잡시春日.烏城雜詩」 7수 중 첫 수는 이렇다.

봄 오자 대나무에 초록 그늘 짙은데	慈竹春來長綠陰

작은 동산 어디서든 새들이 우짖는다.	小園無處不啼禽
상자 속 책 점검하니 너무나 진부해서	篋書檢點多陳腐
『산경山經』을 가져다가 글자를 풀이하네.	閒取山經注字音

겨우내 맵짠 공부로 경서는 진부하게 느껴질 만큼 읽었다. 새봄을 맞아 기분 전환도 할 겸 지리서를 가져다가 글자에 주석을 달며 공부를 이어간다는 내용이다.

다산은 훗날 어린이 교육에 대해 쓴 「교치설敎穉說」에서도 "맛난 고기가 훌륭해도 두 번만 먹으면 물리고, 고운 노래가 듣기 좋아도 자주 들으면 하품 나는 법"이라며, "몇 달을 읽고 나서는 새로운 맛으로 바꿔주는 것이 슬기로움을 일깨우는 방법"이라고 말한 바 있다.

적벽과 무등산 유람

1778년 가을에는 부친을 문안하려고 네 형제가 모두 화순에 내려와 있었다. 형제는 절경으로 일컬어지는 인근 동복현의 물염정勿染亭과 적벽赤壁으로 나들이를 떠났다. 이곳은 적벽강 30리

물길이 붉은 기운을 띤 절벽을 끼고 굽이굽이 흐르면서 도처에 절경을 빚어놓은 곳이었다. 물염정에서 지은 시 2수 중 둘째 수를 읽어본다.

구름 시내 몇 굽이 돌아서 드니	雲溪屢屈折
어여뻐라 외로운 정자 보이네.	窈窕見孤亭
붉은 바위 노을빛 서리어 있고	赤石流霞氣
푸른 마을 날던 새 내려앉누나.	青村落鳥翎
툭 트인 바람 난간 옷 걸어두고	掛衣風檻敞
물가 꽃 향기롭다 닻줄을 묶네.	繫纜水花馨
돌아오는 길에서 올려다보니	試看歸時路
산머리엔 어느새 별을 세겠네.	峯頭已數星

아슬하게 솟은 적벽의 웅자雄姿에 반쯤 가린 하늘 위로 초저녁 별이 듬성듬성 떴다는 7, 8구의 묘사가 압권이다.

며칠 뒤 즐거웠던 물염 적벽 나들이를 진사 조익현에게 자랑하자, 그가 말했다.

"서석산을 꼭 가봐야 하네. 적벽은 여기에 대면 분 바르고 화장한 여자의 모습일 뿐일세. 눈은 잠시 즐겁겠지만, 회포를 열고

지기志氣를 펴려면 반드시 서석산을 올라야지. 그 우뚝한 자태는 거인과 위사偉士가 말없이 웃지 않고 조정에 앉아서 특별히 움직이는 자취를 볼 수 없어도 그 보람이 사물에 널리 미치는 것과 같다고 할 만하다네. 함께 가보세나."

이렇게 해서 네 형제는 며칠 뒤에 다시 무등산에 올랐다. 무등은 신라 때 향찰 표기로, 무진武珍이라고도 쓰고, 읽기는 '무돌'로 읽었다. 무돌은 무지개를 뿜는 돌이다. 의미로 옮겨 서석瑞石이 되었다. 다산은 「유서석산기遊瑞石山記」에서 당시 감회를 이렇게 적었다.

서석산은 우뚝 솟아 웅장하여 산자락에 걸친 고을만 7개나 된다. 정상에 오르면 북쪽으로 적상산을 바라볼 수가 있고, 남쪽으로는 한라산을 조망할 수가 있다. 월출산과 송광산 따위는 모두 어린아이나 손자 격이다. 위에는 13개의 봉우리가 있는데 언제나 흰 구름에 둘러싸여 있다. 사당이 있어 무당이 지키며 제사를 지낸다.

그가 말했다.

"우레와 천둥과 비와 구름의 변화가 늘 산허리에서 일어나 자옥하게 아래쪽을 향해 밀려가도, 산 위는 푸른 하늘입니다."

그 산이 참으로 훌륭하지 않은가? 가운데 봉우리의 꼭대기에 서자 표연히 세상을 우습게 보고 홀로 나아가는 생각이 들면서 인생의 고락이란 것이 마음에 족히 둘 것이 못 됨을 깨달았다. 나 또한 왜 그랬는지 모르겠다.

당시에는 미처 몰랐지만 이날의 유람이 네 형제가 웃으며 함께한 처음이자 마지막 여행이 되었다. 이후 네 형제는 다시는 이처럼 즐거운 회동의 자리를 마련하지 못했다. 심지어 갑작스레 아버지가 세상을 떴을 때조차도 천주교 신자였던 정약종丁若鍾이 제사를 거부하며 집을 나간 바람에 네 형제는 한자리에 함께하지 못했다.

어린 다산은 무등산의 웅자와 드높은 기상을 마음에 깊이 품었다. 다산은 이때의 유람을 두 편의 유람기와 몇 수의 시로 기억 속에 간직했다.

동림사의 겨울 공부

1778년 11월, 다산은 둘째 형님 정약전과 함께 무등산 남쪽 자락

나한산羅漢山 만연사萬淵寺의 말사인 동림사東林寺로 들어가 40일 간 집중 독서를 했다. 형제는 이듬해 봄 과거 응시를 위해 상경할 예정이었다. 정약전은 『서경』을 읽고 다산은 『맹자孟子』를 읽었다. 동림사는 불경 공부하는 승려들이 모여 수도하던 절이었다.

형제는 첫눈이 싸라기처럼 내리고 냇물에 살얼음이 얼 무렵 들어와서 겨울을 났다. 새벽에 일어나 시내로 달려가 양치하고 세수를 했다. 식사 종이 울리면 승려들과 열 지어 앉아 함께 밥을 먹었다. 저녁 별이 뜰 때는 언덕에 올라 휘파람을 불며 시도 읊었다. 한밤중에는 승려들의 독경 소리를 들으며 다시 마음을 다잡아 방바닥에 두 무릎을 딱 붙이고 독서에 몰두했다.

다산은 이때의 밀도 있는 공부를 오래 잊지 못했다. 『맹자』를 읽다가 깨달은 대목이 있으면 형님에게 들려주었다. 형님은 어떻게 그런 생각을 했냐며 동생의 등을 두드려주었다. 그 형은 또 『서경』을 읽다가 동생의 손을 붙들고 우리 임금과 백성을 요순堯舜 같은 임금과 그때의 백성으로 만들어보자며 가슴 뜨거워했다. 「선중씨묘지명先仲氏墓誌銘」에 이날의 풍경이 흑백사진으로 남아 있다.

화순의 만연사 아랫자락 동림사 터에 형제의 독서를 기념하여 세운 비석이 서 있다. 비석 옆면과 뒷면에는 당시 일과를 기록한 다산의 「동림사독서기東林寺讀書記」 전문이 새겨져 있다.

2018년 3월 23일, 나는 여러 해 만에 이곳을 다시 찾았다. 비석 맞은편에 다산의 「동림사에서 독서하며讀書東林寺」라는 시가 새겨진 빗돌이 있고, 소년 정약용이 책을 들고 선 입상이 봄 햇살을 맞으며 그 앞에 서 있었다. 몇 해 사이에 새로 세운 것이다.

비석에 새겨진 시는 이러하다. 해석은 새로 했다.

무등산 남쪽엔 절집 많은데	瑞陽多修院
동림사가 특별히 그윽하다네.	東林特幽爽
이곳 골짝 운치 있음 사랑하여서	愛茲林壑趣
아침저녁 어버이 봉양 잠시 떠났지.	暫辭晨昏養
뗏목 띄워 푸른 시내 건너와서는	橫槎渡碧澗
신 신고 푸른 뫼를 타고 올랐네.	躡屨躋青嶂
그늘엔 싸라기눈 흩뿌렸는데	淺雪糁陰坂
키가 큰 상수리엔 찬 잎 달렸다.	冷葉棲高橡
구경하다 티끌 번뇌 다 사라지고	顧眄散塵煩
문에 드니 맑은 생각 일어나누나.	入門發清想
부지런히 경전 말씀 애써 읽으니	黽勉讀書傳
어버이 바람 위로하기 충분하였네.	庶足慰親望

새벽까지 잠도 감히 자지 못하고	未敢眠到曉
목어木魚 치는 소리를 함께 들었지.	同聽木魚響
영달을 꿈꿈은 아니라 해도	非必慕榮達
허랑방탕 지냄보단 외려 낫다네.	猶賢任放浪
젊은 나이 재기를 믿고 있다간	英年恃才氣
늙어서 못난 꼴만 보이게 되리.	及老多鹵莽
경계하여 헛되이 보내잖으리	戒之勿虛徐
세월 감이 참으로 허망하나니.	逝景眞一妄

이때 밴 형제의 토론 습관은 훗날 흑산도와 강진 사이 험한 뱃길을 오가면서도 편지로 계속 이어졌다.

무등산의 우뚝한 기상과 나한산 동림사의 그윽한 정밀靜謐, 화순 적벽과 물염정의 호젓하고 어여쁜 풍경이 하나의 기운 되어, 형제의 가슴속에 무늬로 새겨졌다. 절벽 위로 뜬 초저녁 별과 산사에서 새벽 목어 소리를 듣도록 책을 읽다가 냇가 얼음을 깨고 양치하고 세수하던 날들이 차곡차곡 쌓여, 강산의 맑은 정기가 다산의 폐부 속 깊은 곳까지 스며들었다.

1779년, 주어사 강학 모임

이벽이 눈 속에 주어사를 찾다

이듬해 1779년 2월 다산은 둘째 형 정약전과 함께 과거 공부를 위해 상경했다. 9월 1일의 감시監試에 응시했으나 낙방했고, 며칠 뒤 다산은 다시 아버지가 계신 화순으로 내려갔다. 이때는 아내가 동행했다. 9월 말에는 다시 성균관에 들어가는 승보시陞補試에 응시하려고 혼자 상경했다. 그리고 그해 겨울 승보시에 합격했다.

한편 이해 겨울 양근(지금의 양평)의 주어사走魚寺에서 권철신權哲身이 이끄는 강학 모임이 열렸다. 조선 천주교회사에서 뜻깊은 의미를 갖는 모임이었다. 이 강학 모임에 다산의 둘째 형 정약전이 참여했다. 다산은 승보시 준비도 있었고, 나이도 어려 이 모임에는 참석하지 못했다.

다산은 「선중씨묘지명」에서 당시 일을 이렇게 기록했다.

그러고 나서 또 폐백을 갖춰 녹암鹿菴 권철신의 문하에서 가르침을 청하였다. 권철신이 겨울에 주어사에 머물러 지내면서 강학하였다. 모인 사람이 김원성金源星·권상학權相學·이총억李寵億 등 몇 사람이었다. 권철신은 직접 규정을 주어, 그들로 하여금 새벽에 일어나 언 샘물을 움켜 세수하고 양치질하고는 「숙야잠夙夜箴」을 외우고, 해 뜰 무렵에는 「경재잠敬齋箴」을 외우며, 정오에는 「사물잠四勿箴」을 외고, 저물녘에는 「서명西銘」을 외우게끔 했다. 장엄하면서도 공경스러워 법도를 잃지 않았다.

주어사는 권철신의 집이 있던 감호鑑湖에서 멀지 않은 곳에 있던 절집이었다. 김원성과 권상학, 그리고 이총억과 정약전 등이 이 모임에 참석했고, 이들은 아침부터 밤까지 일과를 정해 송대 유학자들의 잠명箴銘을 외워가며 공부에 몰두했다.

다산은 「녹암묘지명鹿菴墓誌銘」에서도 이 일을 따로 썼다.

선형 정약전이 폐백을 갖춰 권철신 공을 섬겼다. 예전 기해년
(1779) 겨울에 천진암天眞庵과 주어사에서 강학했다. 눈 속에 이
벽李檗이 밤중에 이르자 등촉을 밝혀 경전을 담론했다. 7년 뒤에
비방이 생겨났다. 이것은 이른바 성대한 자리는 두 번 갖기가 어
렵다는 것이다.

이 글에서는 강학 장소가 천진암과 주어사로 한 곳이 더 추
가되었다. 천진암이 앞쪽에 들어간 것은 사연이 있다. 그것은 달
레(Charles Dallet, 1829-1878)가 쓴 『조선천주교회사Histoire de l'Église de
Corée』를 읽어야 비로소 알 수 있는 사실이다. 다만 달레는 이 모
임을 가진 것이 1777년이라고 했는데, 이는 1779년의 착오다.
달레의 『조선천주교회사』는 다블뤼(Antoine Daveluy, 한국명 안돈이
安敦伊, 1818-1866) 주교가 쓴 『조선순교자비망기Notes pour l'Histoire des
Martyrs de Corée』와 『조선주요순교자약전Notices des Principaux Martyrs de
Corée』이라는 기록에 의거해 정리한 책이다. 다블뤼 주교의 이 두
기록은 프랑스어로 원본 기록이 남아 있어, 둘을 비교해보면 약
간의 윤문이 더해진 정도임을 알 수 있다.
　다블뤼는 이벽을 설명하는 대목에서 이 강학 모임의 전후 사
실을 매우 자세하게 묘사했다. 이벽은 정약전이 외딴 절에서 권

철신이 주관하는 강학 모임에 참석하러 갔다는 얘기를 듣자 자기도 그 모임에 참석하기 위해 100여 리의 길을 걸어 그 절로 찾아갔다. 그는 펑펑 내리는 눈 속에 자정 무렵 어떤 절에 도착했지만, 권철신과 정약전 등은 그 절에 없었다.

이벽이 처음 잘못 찾아간 곳은 천진암이었음이 분명하다. 정약전의 묘지명에서는 주어사에서 강학했다고 했는데, 권철신의 묘지명에서는 천진암 주어사라고 하고, 막 바로 이벽이 깊은 밤에 찾아온 일을 적었다. 천진암이 앞에 붙은 것은 이벽이 천진암을 거쳐 주어사로 왔음을 말하기 위해서다. 한편 이 기사는 원래 더 자세한 기록에서 마땅히 들어가야 할 내용을 잘라내고 몹시 간략하게 간추렸기 때문에 문맥이 상당히 이상해졌다.

천진암은 다산의 고향 집에서 그리 멀지 않은 곳이었다. 다산 형제들은 그전에도 배를 타고 천진암을 자주 찾았다. 이벽은 다산의 큰형수의 동생이었으므로 이벽 또한 천진암을 잘 알았다. 정약전이 공부하러 어느 암자에 갔다는 소리를 처음 들었을 때 이벽은 정약전이 간 곳이 당연히 천진암일 것으로 여겼다. 그래서 그곳으로 달려갔고, 막상 한밤중에 도착하고 나서 정약전은 천진암이 아니라 그 산 반대쪽으로 넘어가야 도착할 수 있는 주어사에서 공부하고 있음을 알았다.

주어사에서 읽은 책

이벽은 키가 180센티미터가 넘는 거한이었고, 기운과 기개가 넘치는 사내였다. 그는 깊이 잠든 중들을 깨워 호랑이의 해를 피해 횃불과 쇠꼬챙이가 달린 몽둥이를 들고서 깊은 밤 눈 속 산행을 계속해 동틀 무렵 마침내 주어사에 도착할 수 있었다. 한밤중 눈 속에 느닷없이 들이닥친 이벽 일행으로 인해 곤한 잠을 자던 이들이 크게 놀라 한바탕 소동이 벌어졌다.

달레의 『조선천주교회사』는 이벽 도착 이후 이루어진 강학 모임을 이렇게 묘사했다.

연구 모임은 10여 일 걸렸다. 그사이에 하늘과 세상, 인간의 본성 등 가장 중요한 문제의 해결을 탐구했다. 예전 학자들의 모든 의견을 가져다가 하나하나 토의했다. 그다음에는 성현들의 윤리서를 연구했다. 끝으로 서양 선교사들이 한문으로 지은 철학, 수학, 종교에 관한 책들을 검토하고, 그 깊은 뜻을 해득하기 위해 가능한 한 온 주의를 집중시켰다. 이 책들은 조선 사절들이 여러 차례에 걸쳐 북경에서 가져온 것들이었다. 실은 당시 조선의 많은 학자들이 그러한 책들에 대해서 알고 있었으니, 그 까닭은 연례적인 사신행차 때에 조선 선비들이 따라가서 서양의 과학과 종교에 대해 중국인과 대화를 나누었기 때문이다. 그런데 그 과학 서적 중에는 종교의 초보적 개론도 몇 가지 들어 있었다. 그것은 하느님의 존재와 섭리, 영혼의 신령성과 불멸성 및 일곱 가지 죄악을 그와 반대되는 덕행으로 극복함으로써 행실을 닦는 방법 따위를 다룬 책들이었다.

앞서 다산의 기술과는 사뭇 다르다. 다산은 "눈 속에 이벽이 밤중에 이르자 등촉을 밝혀 경전을 담론했다. 7년 뒤에 비방이 생겨났다"라고 앞뒤 없이 짧게 적었다. 7년 뒤 비방이란 1785년 명례방明禮坊(지금의 명동)의 천주교 집회가 적발된 이른바 을사추조적발사건乙巳秋曹摘發事件을 말한다. 그러니까 다산의 이 기록은 앞뒤가 많이 잘려 나갔다. 이벽이 밤중에 도착한 이후 여러 날 동안 담론했다는 경전이 천주교 관련 서적이어야만, 이어지는 7년 뒤 비방 대목과 인과관계가 성립된다.

다산은 자신의 시문집에서 천주교와 관련된 모든 사항은 거의 예외 없이 자기 검열을 했다. 따라서 이벽의 이야기든 형님 정약전의 묘지명에서든 천주교 관련 내용에 대해서는 입도 뻥끗하지 않았다. 다산은 오히려 당시 그들이 송대 유가의 잠명류

산문을 외우면서 성리학 공부만 한 것처럼 의도적으로 왜곡했다. 하지만 달레의 기록에서는 이들이 하늘과 세상, 인간의 본성에 관한 핵심 주제들과 윤리학의 문제를 점검했고, 뒤이어 서양 선교사들이 지어 한역한 서학西學 서적을 꼼꼼히 읽었다고 썼다. 일곱 가지 죄악 운운한 것으로 보아 이 가운데는 『칠극七克』도 포함되어 있었다. 이 밖에 마테오 리치(Matteo Ricci, 중국명 이마두利瑪竇, 1552-1610)의 『천주실의天主實義』를 비롯해 초보적 천주교 교리가 포함된 과학 서적을 읽었다고 썼다.

주목할 점은 다블뤼 주교에 따르면 자신이 정리한 조선 천주교회의 초기 기록을 모두 정약용이 만년에 저술한, 짧지만 요령 있고 거짓은 없는 『조선복음전래사朝鮮福音傳來史』에서 가져왔다고 쓰고 있다는 사실이다. 그러니까 달레의 『조선천주교회사』에 적은 내용의 원출전이 다산의 책이었다는 뜻이다. 이 말이 사실이라면 다산은 61세 때인 1822년 여름, 6인의 묘지명을 지을 때는 의도적으로 이들을 천주교와 무관한 것으로 그리려고 천주교 관련 내용을 삭제한 후 왜곡했고, 만년에 쓴 『조선복음전래사』에서는 감추지 않고 사실대로 쓴 것이 된다. 이 전후 사정에 대해서는 다산의 만년을 살피는 자리에서 자세히 살펴보겠다.

성호학파 전당대회

한편 「선중씨묘지명」은 권철신의 강학 사실을 적은 뒤 바로 잇대어 다음 내용을 적고 있다. 이 또한 앞뒤 맥락이 없다.

> 이때에 이승훈 또한 담금질해 연마하여 스스로 굳세어져서, 서교西郊에 나아가 향사례鄕射禮를 행하였다. 심유沈浟를 빈賓으로 삼으니 모인 사람이 100여 명이었다.
> 모두들 이렇게 말했다.
> "삼대三代의 의문儀文이 찬란하게 다시 밝아졌다."
> 그리고 소문을 듣고 의리로 향한 자가 성대하게 많았다.

이게 또 묘한 얘기다. 이승훈은 다산의 누이와 결혼해 다산과는 처남 매부 사이였다. 몇 해 뒤 일이지만 그는 북경에서 최초로 세례를 받아 와서 이벽과 함께 조선 천주교회를 출범시킨 장본인이다. 그런데 권철신이 주관했던 주어사 모임에 참석하지도 않았던 이승훈이 느닷없이 글 속에 튀어나왔다.

글 속의 '이때'란 주어사 강학 모임이 있던 시점과 비슷한 시기란 의미다. 심유는 안정복安鼎福의 제자로 황덕길黃德吉과 함께 명망 높던 학자였다. 주어사 강학회가 열렸던 때와 가까운 시점에 남인 학자들이 심유를 상석에 모시고 서교에서 향사례를 행했는데, 이 자리에 성호학파에 속한 남인 학자 100여 명이 모여들어 성대한 자리를 가졌다고 썼다. 이들은 이 같은 모임에 한껏 고무되어 하은주夏殷周 삼대의 풍모가 오늘에 재현되었다며 기뻐했다.

향사례란 고대에 향대부鄕大夫가 예로써 어진 이를 천거하고 어른과 어린이의 질서를 정해 높고 낮음을 밝히는 뜻으로 주빈主賓을 정해 활쏘기를 하며 절차에 따라 예를 행하는 행사였다. 그 자세한 절차와 내용은 다산이 1820년 유배지에서 두릉으로 돌아와 쓴 「강고향사례서江皐鄕射禮序」에 자세하다.

다산은 또 이익의 종손從孫인 이삼환李森煥에게 보낸 「목재 선생께 올림上木齋書」에서 "지난 무술년(1778)과 기해년(1779) 사이에 서울에서 노닐며 담소하던 선비들이 공손히 추창하고 길게 읍하며 위의威儀를 가다듬어 엄숙하게 삼대의 기상이 있었던 것은 누구의 힘이었습니까? 모두 다 성호 선생께서 바탕을 개척하고 문호를 세워 우리 유학을 중흥시켜 만세에 뽑히지 않을 큰 사업을 수립하였기 때문이었습니다"라고 당시 일을 한 번 더 떠올렸다. 1778년과 1779년 사이라고 한 것으로 보아 이승훈이 참석한 향사례는 1778년 연말쯤에 열렸던 것으로 보인다. 다산은 1년 전에 열린 향사례를 1779년 겨울 주어사 강학 모임 뒤에 슬쩍 끼워 넣어 둘 사이에 연속성을 부여하려 했다.

이렇듯 다산의 「선중씨묘지명」의 이 대목은 맥락이 이어지지 않는 요령부득의 문장이다. 원래 있어야 할 글이 앞뒤로 많이 잘려 나갔다. 권철신이 주도하고 이벽과 정약전이 참여했던 주어사 강학 모임은 원래는 남인 학자들에게서 서학에 대한 공부가 시작된 첫 모임이었다. 그런데 다산은 여기에서 서학에 대한 내용 대신 잠명류 글을 읽었다고 쓰고, 이 모임과는 아무 상관이 없는 서교에서 열린 향사례를 잇대고, 맥락도 없이 이승훈을 끼워 넣음으로써 주어사 모임의 성격 자체를 완전히 바꿔버렸다. 그 전후 맥락에 대해서는 앞으로 차차 자세히 살펴보겠다.

2장

정조와의 만남

구름으로 용을 따르던 시절

최초의 풍운지회

다산은 22세 때인 1783년 2월, 세자 책봉 축하를 위해 열린 증광시 특별 과거 초시에 합격했다. 『사암선생연보俟菴先生年譜』는 선정전宣政殿에서 다산이 처음 정조 임금을 뵌 일을 적으며 "이것이 공의 첫 풍운風雲의 만남이었다此公最初風雲之會也"라고 썼다.

풍운의 만남이란 『주역周易』「건괘乾卦 문언文言」에 "구름은 용을 따르고 바람은 범을 따른다雲從龍, 風從虎"라 한 데서 나온 말이다. 용과 범이 임금이면 구름과 바람은 그를 보좌하는 신하다. 용과 범이 구름과 바람을 만나 조화를 부리듯, 밝은 임금과 어진 신하가 서로 만난 것을 가리켜 쓴다.

　다산과 정조의 만남! 다산 생애에서 정조는 천주교만큼이나 크고 깊은 그늘이다. 정조를 뺀 다산은 도저히 생각하기 어렵다. 여기에서는 이날 이후 정조 임금과 성균관 유생 다산이 만나는 몇 장면을 따로 떼어 들여다본다.

장면 1: 문체가 아주 좋다

26세 나던 1787년 3월 14일, 일종의 모의고사인 성균관 반시泮試. 다산이 답안지를 제출하고 얼마 뒤 합격자 발표가 났다. 아직 제출하지 않은 사람도 많은 상태여서 다들 놀랐다. 다산이 수석으로 뽑혔다. 전체 13구에 글자마다 붉은 점이 주렁주렁 달렸다.

　이날 밤 성정각誠正閣으로 들라는 명이 내렸다. 일개 성균관 유생이 임금 앞에 불려 간 것이다. 은촉이 휘황한데, 임금은 놀랍게도 편한 복장으로 기대 누워 계셨다.

　"내 앞에서 네 답안을 소리 내어 읽으라."

　다산이 읽었다. 한 구절을 읽을 때마다 부채로 침상을 치며 가락을 맞추는 소리가 났다.

"훌륭하다. 좋은 표현이다. 마음에 든다."

임금의 추임새가 계속 붙었다.

"황공하옵니다."

"글 속에 학성군鶴城君 이유李楡와 강윤姜潤의 일을 인용했더구나. 두 늙은 신하의 일을 네가 어찌 알았느냐?"

"조보朝報를 보고 알았나이다."

"음, 그랬구나. 문체가 아주 좋다."

임금이 신하를 불러 『국조보감國朝寶鑑』 한 질과 백면지白綿紙 100장을 하사케 했다. 학성군 이유는 영조와 나이가 같았는데, 당시 91세에도 건강하였으므로 궤장几杖을 하사한 일이 있었다. 다산은 글에서 정조와 학성군 이유와 강윤에 얽힌 구체적인 일화를 인용했던 듯하다. 당시 신문인 조보에 수록된 것을 기억해두었다가 요긴한 대목에서 적절한 예시로 활용했던 것이 특별히 임금의 마음에 더 쏙 들었다.

장면 2: 술을 마셔라

같은 해 8월, 반시에서 또 높은 성적을 얻은 직후, 임금이 다시 중희당重熙堂으로 들 것을 명했다. 군신이 석류나무 아래에 앉았다.

"『팔자백선八子百選』을 받았더냐?"

"받았습니다."

"『대전통편大典通編』은?"

"받았습니다."

"그럼『국조보감』은?"

"그것도 지난번에 주셨습니다."

"근래 새로 찍은 책은 다 받았으니, 상을 주고 싶어도 줄 게 없구나. 대신 술을 내리겠다."

독한 계당주桂餳酒가 그릇에 가득 담겨 나왔다.

"술을 못 마시옵니다."

"명령이다. 한 번에 쭉 다 마셔라."

훗날 강진 유배지에서 둘째 아들 학유學游에게 보낸 편지에서 다산은 이때 일을 이렇게 기억했다.

포의로 있을 때 중희당에서 삼중소주三重燒酒를 옥필통에 가득 따라주셔서, 사양하였지만 허락을 받지 못하고 단숨에 이를 마셨다. 마음속으로 혼자 말하기를 '오늘 나는 죽었다'라고 했었지. 하지만 그다지 심하게 취하지는 않았다.

이때 임금이 다산에게 따라주신 계당주는 세 번 증류 과정을 거쳐 도수가 엄청나게 높은 소주였다.

장면 3: 그렇게 해서 어떻게 급제하겠느냐?

27세 나던 이듬해 1788년 1월 7일, 반시에 합격해 희정당熙政堂에 들었을 때 일이다.

"그간 지은 책문策文이 몇 편이냐?"

"20편입니다."

3월 7일에 수석으로 합격하자 다시 하문하셨다.

"초시가 몇 번째냐?"

"회시를 못 본 것이 세 번입니다."

"쯧쯧."

이듬해인 1789년 1월 7일, 반시에 다시 합격했다. 다시 희정당에서 임금을 뵈었다.

"앞으로 나오너라."

임금은 공연히 불러놓고 한동안 말씀이 없으셨다.

"초시가 몇 번째냐?"

지난번과 질문이 같았다.

"네 번째이옵니다."

임금은 다시 한동안 입을 다물었다.

"이렇게 해서야 급제는 하겠느냐? 그만 물러가거라."

1차 시험에는 번번이 합격을 해놓고, 대과에서 최종 합격에 못 든 것이 속상해서 하신 말씀이었다.

장면 4: 나라를 위해 쓸 만한 사람

그게 자극이 되었을까? 1789년 1월 26일에 전시殿試에 나아가 보란 듯이 급제했다. 조금 이상한 일이 있었다. 채점을 할 때 심봉석沈鳳錫의 답안이 1등이었는데, 고시관인 우의정 채제공은 2등감으로 생각했다.

가린 이름을 떼기 전에 임금이 말했다.

"나이 들어 불쌍한 사람이 첫 번째 답안지이고, 나라를 위해 쓸 만한 사람은 두 번째 답안지이다."

채제공은 이 말의 속뜻을 잘못 알아듣고 심봉석의 답안지를 1등으로 올렸다.

막상 이름을 열자, 심봉석은 아비의 이름을 쓰지 않아 실격 처리되었다. 2등으로 내려갔던 다산이 도로 장원이 되었다.

정조가 채제공에게 말했다.

"경이 늘 말했지 않소? 임금은 명命을 만들고, 또한 상相도 만들 수 있다고. 심 아무개 같은 자는 관상이 남만 못해 내가 이렇게 말했던 것이오. 나는 나라에 쓰기에는 정약용이 그보다 낫다고 말한 것일세."

임금은 처음부터 다산의 답안을 1등으로 여겼다는 의미다.

다음 날 희정당에 들어갔다. 임금은 들어오는 그에게 즉석에서 감사의 글을 짓게 했다. 얼떨결에 지은 구절 중에 "재주는 조식曹植의 솜씨가 아니온대, 나이는 등우鄧禹가 재상 되던 때입니다"란 구절이 있었다. 조식은 조조曹操의 아들로 일곱 걸음 걷는 사이에 시를 지었다는 천재다. 등우는 한나라 광무제光武帝 때의 명신이다. 다산의 말은 기대에 부응 못 하고 너무 늦게 급제해서 송구하다는 뜻이었다.

이 구절을 본 임금이 껄껄 웃으며 말했다.

"100년 만에 처음 재상 하나가 나왔는데, 이 사람이 또 재상이 되겠다 하니, 이게 웬일인가?"

앞의 재상은 채제공을 두고 한 말이고, 뒷얘기는 다산이 등우가 재상 되던 나이 운운한 것을 장난으로 되받아 말씀하신 것이었다. 재상감을 한꺼번에 둘씩 얻어 기쁘단 뜻이었다. 한마디 한마디에 기뻐하고 즐거워하는 뜻이 흘러넘쳤다.

장면 5: 책 제목을 써서 들여보내라

이로부터 11년 뒤인 1800년 6월 12일, 다산 39세. 달 밝은 밤에 내각의 서리가 다산의 집에 들이닥쳤다. 『한서선漢書選』 열 부를 들고 왔다.

임금의 하교는 이랬다.

"오래 서로 못 보았구나. 책을 엮을 일이 곧 있을 게다. 즉시 들어오게 해야 하겠지만 주자소鑄字所가 벽을 새로 발라 지저분한 상태다. 월말쯤 들어오거든 경연에 나오너라. 보내는 책 중 다섯 부는 남겨두어 집안에 전하도록 하고, 나머지 다섯 부는 책 제목을 써서 들여보내도록 하라."

서리가 말했다.

"하교를 받자올 적에 뵈니 낯빛과 말씀이 따뜻하시고 그리워하는 뜻이 있으셨습니다. 책 제목을 써서 올리라 하신 것은 그저 핑계고, 사실은 안부를 물으시려는 마음이신 듯합니다."

서리가 떠난 뒤 다산은 감격해 울었다. 그 이튿날인 6월 13일에 정조는 발병해서 그달 28일에 갑작스레 세상을 떴다. 다산은 이 일을 임금께서 자신에게 영결永訣의 은전恩典을 베푸신 것으로 여겼다. 이 생각만 하면 피눈물이 옷깃을 적셔 곧장 따라 죽어 지하에서라도 임금의 모습을 뵙고 싶었노라고 술회했다.

정조가 '문체가 훌륭하다'며 그 읽는 소리에 가락을 맞추실 때 다산의 한 세상이 활짝 열렸다. '곧 부를 테니 다시 만나자'는 말씀 끝에 홀연 세상을 뜨면서 다산의 다른 한 세상의 문이 꽝 하고 닫혔다. 정조와 함께한 시간이 18년, 그 뒤 강진 유배 기간이 또 18년, 해배 후 세상 뜰 때까지가 다시 18년이었다.

빛은 한꺼번에 몰려들어 왔다가 단번에 닫힌 뒤, 깜깜해진 채로 다시는 열리지 않았다.

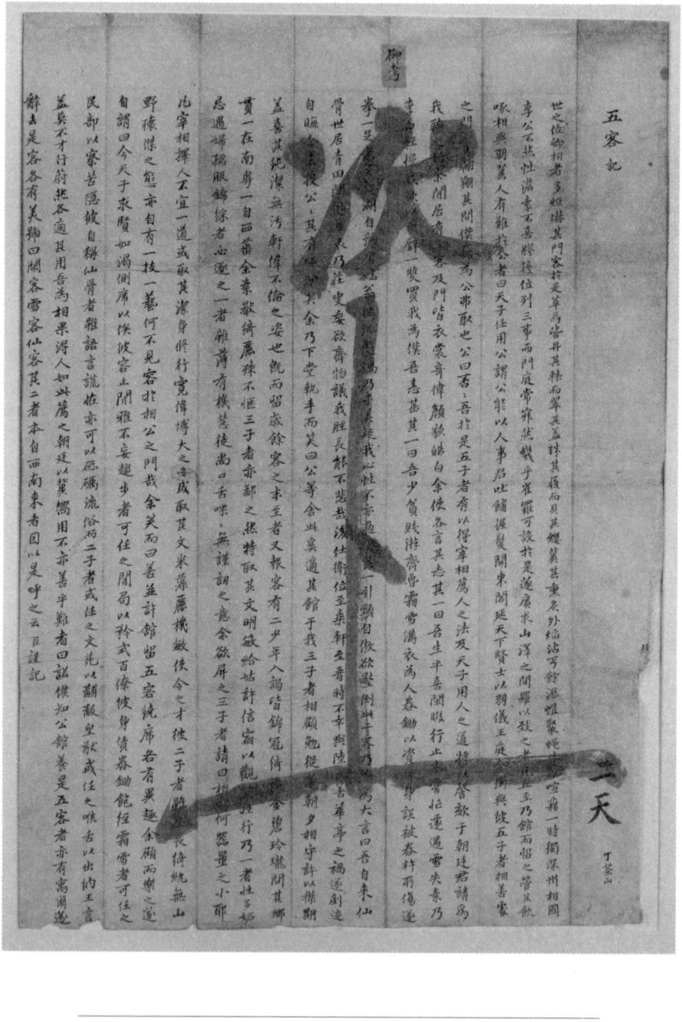

다산이 왕명에 따라 지어 올린 글 「오객기五客記」. 차상次上을 받았다. 개인 소장.

사라진 책 『균암만필』

목록과 연보 속 『균암만필』

다산의 사라진 책 중 『균암만필筠菴漫筆』이 있다. 1934년 신조선
사에서 간행한 『여유당전서』는 가장본家藏本 『열수전서洌水全書』
를 바탕으로 진행되었다. 현손 정규영丁奎英 친필의 총목록이 있
었는데, 그 끝에 『균암만필』 1책 64장과 『연보年譜』 2책 122장
이 더 있다고 적혀 있었다. 이 중 『연보』 2책은 그대로 남아 있지
만 『균암만필』만은 간 곳이 없다.

　1938년 최익한은 「『여유당전서』를 독함」에서 "『균암만필』은
『목민심서』 중에 인용한 『자균암만필紫筠菴漫筆』인데, 서명 및 그

장수張數만은 「열수전서 총목록」 중에 기재되었으니 어찌 된 것입니까?" 하고 당시 편집자에게 질문했다. 『균암만필』이 어째서 목록에만 있고, 『여유당전서』에서 빠졌느냐고 물은 것이다. 1책 64장이면 다산 가장본이 통상 1면에 10행 22자이니, 꽉 채워 썼을 때 28,160자 내외의 적지 않은 분량이다. 최익한은 『목민심서』 권 1, 「부임 6조」 중에 딱 한 단락이 인용된 『자균암만필』이 이 『균암만필』과 동일한 책일 것으로 보았다.

균암, 또는 자균암으로 불린 공간은 대체 어딜까? 이 책은 어떤 내용을 담고 있나? 그리고 왜 사라졌나? 『여유당전서』 편찬 당시 편집자들은 이 책을 찾지 못했던 듯하다. 누군가 감추거나 의도적으로 배제한 것인데 그 이유가 뭘까? 다 궁금하다.

다산의 연보는 현재 3종이 남았다. 먼저 나주 정씨 월헌공파 종회에 보관 중인 12장본 『다산연보茶山年譜』가 있다. 관력官歷 중심으로 간추린 것이다. 이 연보에 실린 이력은 다산이 세상을 뜨기 6년 전인 1830년 5월 기록이 마지막이다. 다산이 살아 있을 때 집안에서 만든 것이다. 성균관과 초계문신 시절 반시와 과시課試의 등수, 채점관의 이름까지 상세히 적혀 있다. 본인 말고는 알기 힘든 내용이다. 하지만 다산 친필은 아니다.

『사암선생연보』는 앞서 최익한이 말한 2책 122장본과 이와는 별도로 5책본 『사암선생연보』가 전한다. 2책본은 현재 규장각한국학연구원에 소장되어 있다. 이를 번역한 것이 송재소 선생의 『다산의 한평생』(창비, 2014)이다. 5책본이 더 흥미롭다. 원래의 가장본으로 김영호 선생 소장본이다. 2책본 『사암선생연보』를 간추리기 전 원본이다. 최익한은 2책본을 제자 이정李晴이 작성한 초고를 현손 정규영이 정리한 것으로 보았다. 5책본에도 첫 면에 '현손 규영 편'이라고 적혀 있다. 다산의 강진 시절 제자 이정은 일반적으로 이청으로 읽으나, '정'으로 읽어야 한다. 이에 대해서는 나중에 그에 대해 쓸 때 설명하겠다.

이 5책본 『사암선생연보』의 존재는 그간 잘 알려지지 않았다. 5책 중 제2책이 결락되어 남은 것은 4책뿐이다. 분량이 적지 않다. 도처에 붉은 글씨로 수정 표시가 되었거나 두 줄을 그어 삭제를 지시한 내용이 보인다. 2책본에 그 수정 표시가 그대로 반영되어 있다. 따라서 2책본은 이 5책본을 간추려 축약한 것이다.

흥미롭게도 5책본 『사암선생연보』의 제1책 중 12개소에 『균암만필』의 내용이 인용되었다. 규장각본의 해당 면에는 예외 없이 인용 출처를 지우고, 1인칭 '여余'를 3인칭인 '공公'으로 수정했다. 제1책 중 정조 승하 기사에만 『균암만필』 인용이 딱 하나 남았다. 5책본 『사암선생연보』에 인용된 『균암만필』 대목을 추출하여 입력하니 원문만 2,740자나 된다. 전체 예상 분량의 약 10분의 1가량이 5책본 『사암선생연보』에 살아남은 셈이다.

『사암선생연보』 제1책은 탄생부터 39세 때인 1800년 정조 승하 시까지의 내용을 담았다. 제3책은 48세 때인 1809년부터 시작한다. 그러니까 없어진 제2책은 1801년부터 1808년 사이를 다룬다. 다산이 유배 와서 다산초당에 정착하기 직전까지다. 어째서 제2책만 사라졌을까? 궁금해진다. 현재 남은 2책본과 견줘볼 때 정조 사후를 다룬 제2책에는 『자균암만필』의 인용이 없었을 가능성이 높다.

『사암선생연보』의 12개소와 『목민심서』에 인용된 1개소를 합치면 모두 13개 단락이 살아남았다. 이 13개 단락의 내용은 대부분 정조와 다산 사이에 오간 대화이거나, 규장각 시절의 사건을 다루고 있다는 공통점이 있다. 그렇다면 『균암만필』은 다산이 정조 승하 후 어느 시점에선가 유배지의 균암 또는 자균암이라 불리는 공간에서, 정조와 함께 지낸 시절의 기억들을 떠올려 하나하나 호명해낸 회억록인 셈이다.

『균암만필』, 언제 어디서 썼나?

5책본 『사암선생연보』의 존재를 처음 소개한 조성을 아주대 교수는 균암을 서울 명례방에 있던 죽란竹欄으로 보아, 1800년 6월 28일 정조 서거 이후 11월 18일 졸곡제卒哭祭 사이에 다산이 서울 집에서 지은 것으로 보았다. 나의 생각은 조금 다르다.

자균암은 어디인가? 자줏빛 대나무가 있는 초암이다. 균암이란 명칭은 다산이 대둔사大芚寺 승려 아암兒菴 혜장惠藏을 위해 써준 「장 상인의 병풍에 제하다題藏上人屛風」란 글 속에 한 번 더 등장한다. 글 가운데 이런 대목이 나온다.

맑은 창 소박한 책상에 독루향篤耨香을 사르고 소룡단小龍團 차를 끓여, 진미공陳眉公의 『복수전서福壽全書』를 읽으며, 싸라기눈이 내린 균암에서 오각건烏角巾을 쓰고 금사연金絲烟 담뱃대를 물고서, 역도원酈道元의 『수경신주水經新注』를 읽는다.

다산은 혜장과 1805년 여름에 처음 만났다. 혜장에게 써준 이 글은 적어도 그 이후에 쓴 것이다. 이 글 속에 다산이 자기 거처를 균암으로 표기했다. 한편 강진 시절 제자 황상黃裳의 당숙인 황인태(黃仁泰, 1745-1821) 3형제의 시집 『황씨체화집黃氏棣華集』
이 있는데, 그 시집 속에 「균암의 구일등고 시를 차운하여次筠菴
九日登高韻」란 시가 실렸다. 이 시는 다산이 1803년 9월 9일, 강진
보은산寶恩山 정상에 올라가 지은 「또 5언시를 지어 승려에게 보
이다又爲五言示僧」를 차운한 시다. 운자도 같고 시 속에 "손님 있어
벼슬이 대부였다有客官大夫"라 한 것으로 보아 균암은 다산을 지
칭한 것이 명백하다. 이 말은 1803년 동문 매반가賣飯家 시절에
다산이 이미 균암이란 호를 썼음을 뜻한다.

　이 시기에 다산은 탁옹籜翁이란 호도 함께 썼다. 탁 또한 대나
무의 껍질이어서 탁옹과 균암은 서로 호응을 이루는 이름이다.
다산이 1803년 봄에 쓴 「춘청春晴」 시에서 "애오라지 야원野園의
대밭 속에 찾아가, 대껍질에 유주柳州 시를 써서 엮어야겠네聊就
野園叢竹裏, 綠筠題編柳州詩"라 한 것을 보더라도 주막집 둘레에 대숲
이 꽤 울창했던 것을 가늠할 수 있겠다.

　다산은 1806년 가을 제자 이정의 집으로 거처를 옮긴다.
1807년 5월 1일에 거처 둘레에 대나무를 옮겨 심고 기뻐서 지은
「종죽種竹」 시가 문집에 실린 것을 보면 다산의 대나무 사랑은 유
별났다. 이렇게 볼 때 『균암만필』은 강진 동문 매반가 시절에 다
산이 자신의 거처 이름을 균암 또는 자균암으로 짓고, 그곳에서

자신에게 내린 정조의 특별한 은혜와 사랑의 기억을 하나하나 되살려 써 내려간 기록이었던 것으로 보인다.

기록의 편린

『균암만필』의 내용은 어떤가? 한 단락만 소개한다. 36세 때인 1797년 봄이었다. 다산이 집에 있는데, 임금의 갑작스러운 호출이 있었다.

서둘러 비궁閟宮으로 들자 임금이 말했다.

"내가 내리는 음식을 오래 맛보지 못한 듯하여 오라고 했다. 이리 가까이 와서 먹거라."

정조는 그저 다산이 불쑥 보고 싶었던 것이다.

상에 토란이 올랐던지, 다산이 음식 먹는 것을 보던 임금이 물었다.

"토란[芋]에 별명이 있느냐?"

"준치蹲鴟입니다."

"속명은 뭐라 하지?"

"토련土蓮이라 합니다."

"두보의 시에 '동산에서 우율芋栗 주우니 가난하지만은 않네園收芋栗未全貧'라고 나오는데 어째서 우와 율을 나란히 말했을까?"

"우율이 아니라 서율芧栗입니다. 작은 밤 또는 도토리란 뜻이옵니다."

"그렇구나. 잘 알았다."

임금이 다시 물었다.

"『사기史記』 「원앙전袁盎傳」에 '눈으로 전송한다目送之'라고 한 구절을 혹 '직접 전송한다自送之'라고도 하는데 '혼자서 웃는다自笑之'라는 말의 잘못이 아닐까?"

"아닙니다. 자송自送이라 한 것은 한나라 경제景帝가 몸소 일어나서 전송했다는 의미입니다."

"네 말이 옳겠다."

어느 옆구리를 찔러도 기다렸다는 듯이 답이 술술 나왔다. 임금과 신하는 한가한 날 오후에 맛있는 음식을 먹으면서 평소의 궁금증을 이렇게 다 풀었다. 9할이나 없어진 『균암만필』의 나머지 내용은 무엇이었을까? 서학, 즉 천주교 관련 내용과 이로 인한 조정의 논의에 대한 설명도 상당 부분을 차지했을 듯하다. 후손들이 감추고 세상에 내놓지 않은 까닭이 여기에 있었을 것으로 굳이 짐작해본다.

5책본 『사암선생연보』의 존재는 그간 잘 알려지지 않았다. 5책 중 제2책이 결락되어 남은 것은 4책뿐이다. 김영호 소장.

5책본 『사암선생연보』의 제1책 중 12개소에 『균암만필』의 내용이 인용되었다. 규장각본의 해당 면에는 예외 없이 인용 출처를 지우고, 1인칭 '여余'를 3인칭인 '공公'으로 수정했다. 김영호 소장.

무장으로 키울 생각

이런 임금 이런 신하

성균관 유생 시절부터 다산은 정조의 특별한 관리를 받았다. 다산은 반시에서 연거푸 우수한 성적을 받으면서 총애가 한 몸에 모였다. 임금은 그를 깊이 아꼈으나 덮어놓고 편만 들지는 않았다.

26세 때인 1787년 8월 24일, 우등 합격 축하 선물로 독한 계당주를 단번에 마시게 한 뒤 술기운이 오른 다산이 휘청이자 임금은 내감더러 그를 부축해 물러가게 했다. 잠시 후 그저 가지말고 빈청에서 기다리라는 명이 다시 내렸다. 얼마 뒤 승지 홍인호가 소매 속에 책 한 권을 품고 나왔다. 그는 혼인날 꼬마 신랑에게 경박한 소년이란 말을 들었던 다산의 사촌 처남이었다.

그가 책을 주면서 임금의 하교를 전했다.

"자네가 장재將才를 아우르고 있음을 아신 까닭에 특별히 이 책을 하사하신다고 하셨네. 훗날 김동철金東喆 같은 역적이 일어나면 자네가 나가 싸울 수 있을 거라고 말이지."

『균암만필』을 인용한 대목이다.

집에 돌아와 보니 임금께서 하사하신 책은 바로 『병학통兵學通』이었다. 명나라 장수 척계광戚繼光이 왜병倭兵을 방어하면서 진陣을 치고 군사 훈련시키던 방법을, 정조가 손수 정리하여 여러 군영軍營에 내린 책이었다. 정조는 문과 급제를 위해 정진 중이던 다산에게 왜 뜬금없이 장재를 언급했을까?

한편 정조가 이때 다산에게 말한 김동철의 일이 궁금해진다. 두 달 전인 1787년 6월, 제천 사람 김동익金東翼, 김동철 등이 정진성鄭鎭星 및 신승神僧 명찰明察과 작당하여 바다 가운데 있다는 무석국無石國에 근거를 두고 역모를 획책하다가 붙들려 죽었다. 이들은 장차 8도에 내응을 심어둔 채 거사 일시를 적은 암호로 된 시와 거사 계획을 돌리다가 적발되었다. 『조선왕조실록朝鮮王朝實錄』 정조 11년 6월 14일 기사에 자세하다.

나라를 원망하고 세상을 미혹시켜, 국운國運과 화복禍福 운운한 흉언을 담은 내용이 이들 사이에 오갔고, 그들 조직이 팔도에 퍼져 있다는 말에 조정이 아연 긴장했다. 그 글 속에 "청의靑衣가 남쪽에서부터 오는데 왜인倭人과 같지만 왜인은 아니다. 산도 이롭지 않고 물도 이롭지 않으며 궁궁弓弓이 이롭다"라는 알 수 없는 내용이 있었다. 관련자 신문 내용 중에 또 이들의 복색服色이 청색이고, 모두 푸른 관冠을 썼다는 자백도 있었다. 황건적이 아니라 청건적靑巾賊을 표방한 셈이다.

글 가운데 궁궁 운운한 대목은 60년 전인 1728년(영조 4) 무신년에 발생한 이인좌李麟佐의 난 진압 과정에서 이미 한 차례 등장했던 구절이었고, 또 1748년(영조 24) 5월 23일 호서 역모 때 친국에서도 똑같이 등장했던 비기秘記였다. 이는 모두 당시 조선 사회를 뒤흔들었던 『정감록鄭鑑錄』의 진인眞人에 관한 소문과 긴밀하게 연결되어 있었다. 그것은 해도海島에서 정도령鄭都令이라는 진인이 군대를 이끌고 와서 조선을 점령해 새로운 세상을 만든다는 아득한 풍문이었다.

이는 일종의 메시아니즘, 즉 구원 신앙의 변이 형태였다. 오늘의 관점에서 정鄭을 파자하면 유酋(=猶) 대大 고을邑로, 정도령은 유대 고을 도령이 된다. 재림 예수 코드로 읽힐 수 있는 체재 전복의 불온한 은유가 된다. 숙종조부터 시작된 정도령의 풍문은 근 100년 동안이나 조선 사회를 소요케 했다. 김동철 사건은 이들을 사형에 처함으로써 일단 수면 아래로 가라앉았지만, 정조는 다산에게 이 같은 일이 훗날 다시 생길 때 네가 앞장서 정벌해서 발본색원하라고 당부했던 셈이다. 이 문제는 당시 남인 세력의 향배와 천주교 문제와도 미묘한 접점을 둔 대단히 민감한 사안이었다.

실속이 없다

넉 달 뒤인 1787년 12월에 다산은 다시 반시에 응시했다. 이번에는 등수가 형편없이 낮았다.

임금의 말씀이 이랬다.

"여러 번 시험을 보아 번번이 1등을 했지만, 화華만 있고 실實이 없다. 특별히 그를 위해 화를 거두려 한다."

일부러 등수를 낮춰 정신을 차리게 하겠다는 뜻이었다.

『사암선생연보』는 이 기사에 이어 알쏭달쏭한 다음 한마디를 덧붙였다.

공은 과거 공부를 그만두고 은거하여 경전 공부에 힘 쏟을 뜻이 있었다. 대개 임금께서 무과武科로 진출시켜 쓰려는 뜻이 있었기 때문이다.

다산은 임금이 자신의 등수를 일부러 낮춘 것을 문과가 아닌 무과로 이끌어 등용하려는 의도를 드러낸 것으로 받아들였다. 무엇보다 『병학통』을 하사하며 하신 말씀이 목에 컥 걸렸고, 그 뒤로도 그 같은 낌새가 다른 경로로 전해졌던 것이 틀림없다.

정조는 하루라도 빨리 다산을 곁에 두고 싶었다. 하지만 그의 대과 급제는 자꾸 늦어지고 있었다. 임금이 보기에 다산은 장재가 있었다. 그 장인인 홍화보 또한 무과로 급제해서 승지까지 지냈으니, 장인의 뒤를 따른다면 누가 보더라도 구색이 잘 맞았다. 『병학통』은 무과 응시자라면 반드시 읽어야 할 필독서였다.

이 같은 임금의 의중을 알아차린 다산은 그만 과거를 포기하고 시골로 돌아가 경전 공부에만 몰두할 작정을 했다. 안 그래도 그해 4월에 장인의 재정적인 도움을 받아 양수리 인근의 문암門巖에 집과 전지를 구입해두고 있던 터였다. 『사암선생연보』는 또 위 기사에 바로 이어 "매문엄향장買門崦鄕庄", 즉 문암의 시골집을 매입했다고 적어, 두 일 사이에 관련성을 높였다. 그는 당장이라도 가족을 이끌고 서울을 떠날 기세였다.

이 소동은 결국 임금이 다산을 무과로 올리려는 뜻을 접으면서 가라앉았던 듯하다. 다산은 1년 뒤인 1789년 정월에 문과에 당당히 급제해 이 일은 애초에 없던 해프닝으로 끝났다. 훗날 1800년 11월 6일, 정조의 장례가 끝나 건릉健陵에 묻히자, 다산은 세상을 떠난 임금이 사무치게 그리워 그때 정조가 자신에게 하사했던 『병학통』을 꺼내 들었다. 울며 그 책을 어루만지다가 첫 면 여백에 짤막한 글을 적었다.

옛날 내가 벼슬하기 전 중희당에서 임금을 뵈었을 때, 술을 내려주시고 또 이 책을 주시며, "네가 무재武才가 있음을 안다. 이후 김동철 같은 자가 일어나거든 네가 가서 정벌하거라. 너는 돌아가 이 책을 읽어라"라고 하셨다. 아! 나는 실로 재목감이 아니다. 설령 그럴 뜻이 있어 나라를 위해 목숨을 바치고자 한들, 이제 와서 어찌 그리할 수 있으랴. 책을 어루만지며 긴 탄식을 금치 못한다.

여기에 한 번 더 김동철의 이름이 등장한다.

당시 다산은 정조 서거 후 서서히 숨통을 죄어오는 죽음의 그림자를 느끼고 있었다. 마재 집으로 돌아가 머뭇머뭇 두려워한 다는 의미를 담은 '여유당與猶堂'에서 납작 엎드려 지낼 때였다.

『아방비어고』와 『민보의』 저술

다산은 자신에게 장재를 기대했던 임금의 바람을 끝내 저버리지는 않았다. 귀양지의 척박한 환경 속에서도 임금과의 생전 약속을 지키기 위해 꾸준히 『아방비어고我邦備禦考』와 『민보의民堡議』 저술에 힘을 쏟았다. 외교 관계 대응 사례를 주제별로 일목요연하게 정리 편집한 『사대고례事大考例』 또한 임금과의 해묵은 약속을 지키기 위함이었다.

이들 책은 모두 국방 및 외교와 관련된 예민한 정보를 취급한 것이어서, 유배 죄인의 처지에 함부로 접근할 수 있는 사안이 아니었다. 특별히 『아방비어고』 같은 국방 관련 저작은 많은 군사 기밀을 포함하고 있어, 자칫 문제를 삼기로 하면 엮기에 따라 곤란한 처지에 놓일 수 있었다.

결국 『아방비어고』는 유배 당시 강진에 병마우후兵馬虞候로 내려와 다산과 가깝게 지냈던 이중협李重協과 해배 뒤 다산에게 수학한 제자 정주응鄭周應의 이름을 빌려『비어고備禦考』와『미산총서眉山叢書』 등의 이름으로 흩어졌다. 이중협이 엮은 것으로 되어 있는 규장각본『비어고』 10책과 정주응의 저술로 국립중앙도서관과 국민대학교 성곡도서관에 나뉘어 소장된『미산총서』각 6책, 8책은 모두 다산이 직접 진두지휘해서 엮은『아방비어고』의 미완성 상태를 보여준다.

특별히『아방비어고』는 본격적인 국방 관련 저작으로 이전에 누구에게서도 나온 적이 없던 놀라운 규모와 세밀함을 갖춘 국방 전략 종합 보고서였다. 다산의 저술이 분명하므로 이제라도 제 이름을 찾아주는 것이 맞다. 정조는 다산의 장재를 한눈에 알아보았고, 다산은 훗날 여러 저술을 통해 그 기대에 부응했다.

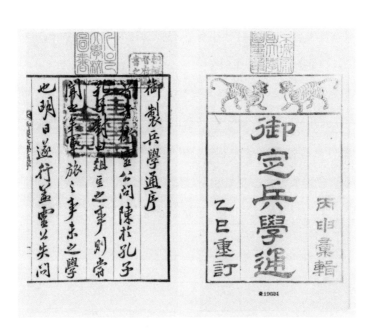

정조가 다산에게 특별히 하사했던 『병학통』. 정조는 다산에게 장
재가 있음을 알고, 하루라도 빨리 곁에 두고 싶어 그를 무과로 올
려 등용할 생각도 했다. 서울대학교 규장각한국학연구원 소장.

삐딱이 글씨체로 다산을 귀양 보낸 정조

글씨는 마음의 깃발

———————

다산은 『심경밀험心經密驗』에서 이렇게 썼다.

옛사람의 편지글을 보면 이름과 덕망으로 다른 사람의 사표師表
가 되는 사람은 글자의 획이 반드시 모두 장중해서 거칠거나 들
뜬 기운이 없었다. 내가 평생 배우고 싶었지만 매번 글씨를 쓸
때마다 겨를이 없어 또 능히 그렇게 하지 못했다. 무릇 글씨란
마음의 깃발이다. 정성스러운 마음이 밖으로 드러남이 이처럼
분명한 것이 없다. 하물며 한번 종이에 쓰고 나면 100년이 지나

도 없어지지 않으니 두려워하지 않을 수 있겠는가?

다산이 유배지에서 읽던 책의 여백과 자투리 종이에 쓴 메모
나, 헌 옷을 가위로 잘라 만든 천에다 쓴 글씨를 보면 어쩌면 그
렇게 정성스러울까 싶다. 승두문자蠅頭文字, 즉 파리 대가리만 한
글자조차 필획 하나 흐트러지는 법이 없다. 다산은 글씨를 절대
로 갈겨쓰지 않았다. 그 바탕에는 정조의 엄한 독책이 있었다.

제자를 가르칠 때도 다산은 글씨체를 대단히 중시했다. 강진
주막집에 살 때 마을 뒤편 고성사에 은봉恩峰이란 승려가 있었
다. 은봉은 시를 배우자마자 천재적 소질을 발휘했다. 제자 황상
에게 쓴 편지에 다음 내용이 나온다.

은봉의 시재詩才는 사람을 정말 놀라게 한다. 다만 그 필법이 해
괴하구나. 반드시 글자마다 획마다 단정하게 하기에 힘써 묵은
버릇을 깨끗이 씻어내야 할 것이다.

이어 글씨 연습용 서판書板과 붓까지 보내 그의 글씨 연습을
독려했다.

또 강진 시절 제자 정수칠(丁修七, 1768-?)에게 친필로 써준「교

118

치설」에서는 글씨 공부에 대해 이렇게 적었다.

좋은 종이에 큰 붓으로 목판에 새긴 필진도筆陣圖를 흉내 내어 쓰는 것은, 얇은 백지를 잘라 만든 작은 공책에 중국에서 간행된 잘 쓴 해서楷書로 된 책을 가져다가 모눈종이처럼 글자판을 만들어 세심하게 베껴 쓰며 익히는 것만 못하다.

따박따박 활자체를 그대로 베껴 쓰는 것이, 행초서行草書 익힌다고 흐름도 끊긴 목판 글씨를 흉내 내는 것보다 훨씬 좋다고 말한 내용이다.

삐딱이 서체에 대한 정조의 엄한 처분

다산은 필체가 좋았지만, 처음부터 글씨를 그렇게 잘 썼던 것은 아니었다. 1795년 가을, 1년 전 몰래 입국해 천주교를 전파하던 중국 신부 주문모周文謨가 적발되었다. 다산은 당시 천주학과 밀접하게 얽혀 있었고, 뒤에서 밝히겠지만 실제로 주문모 신부를 피신시킨 장본인이었다. 다산은 이 일로 인해 온갖 구설에서 결코 자유로울 수 없었다.

정조는 다산을 막 크게 기용하려던 참이었으므로 이 상황이 몹시 난감했다. 우선 급한 비를 피하게 하려고 정3품 당상관이던 그를 종6품의 금정찰방으로 좌천시켜 내려보냈다.

당시 정조는 정작 문제가 된 천주학에 대해서는 한마디도 직접 언급하지 않았다. 좌천의 이유로 댄 것은 뜻밖에도 다산의 글씨체였다.

그가 쓴 글자의 획을 보니, 내가 엄하게 내린 교서를 따르지 않고 삐딱하게 기운 글씨체[斜敧之體]를 여전히 고치지 않고 있다. 이런 사람에게는 엄한 처분을 내려서, 설령 이미 선善을 향해가고 있더라도 더욱 선을 향하도록 해야 할 것이다. 또 혹 이번 일로 스스로 몸을 뺄 수만 있다면 그가 더 훌륭하게 변모할 기회가 되리라.

그러고는 따로 인사도 하지 말고 당장 길을 떠나 바로 한강을 건너라는 전교를 내렸다. 들끓는 여론을 잠재우기 위해 짐짓 내치는 모양새를 연출한 것이다. 그런데 하필 든 핑계가 다산의 글씨체였다. 1795년 7월 26일의 일이다.

삐딱하게 기울여 쓴 서체에 대한 엄한 전교[飭敎]란 실상 다산의 글씨를 겨냥해 내린 것이 아니었다. 이 시기를 전후해 정조는 이른바 문체반정에 시동을 건다. 정조 반대편에 서 있던 노론 벽파들은 정조의 비호 아래 나날이 커가는 남인 세력의 제거를 위해 서학, 즉 천주교 신앙 문제를 여러 차례 정면으로 제기했다.

이때마다 정조는 못 들은 척 딴청만 했다. 신하들의 상소에 답변을 내릴 때도 서학이란 두 글자는 입에 담지 않았다. 그 대신 노론 자제들을 중심으로 당대 유행했던 청대 소품 문체의 수용과 겉멋이 든 삐딱한 글씨체를 함께 거론함으로써, 고의로 논점을 흐려 상쇄시키는 전략을 구사하곤 했다.

1795년 8월 23일에 교리 박길원朴吉源이 문체가 점점 강팔라지고[嘸殺] 서법書法도 기우뚱[傾斜]해지니 엄금해달라고 하자, 시험을 주관하는 사람들이 유념해서 바로잡을 것을 명했다. 또 1797년 11월 20일 기사에도 동지성균관사冬至成均館事 이병정李秉鼎에게 "문체를 가볍고 어여쁘게 쓰거나 들뜨고 꾸미는[輕姸浮巧] 것과 필법이 뾰족하고 기우뚱하거나 비스듬하고 날리는[尖斜攲飄] 것을 일절 엄금하라"라고 명하고, 따르지 않는 자는 바로 낙방시킬 것을 강하게 주문했다.

삿된 학문인 천주학을 믿었으니 큰 죄를 주어야 한다는 신하들에게 정조는 천주학 언급은 쏙 뺀 채, 쓰지 말라는 뾰족하고 비스듬한 글씨체를 종내 안 고치니 괘씸해서 내친다고 말했다. 공격 지점을 교란시켜 상대의 힘 빼기를 시도한 것이다. 다산은 고작 글씨체 때문에 금정찰방으로 쫓겨났다.

필체가 훌륭해졌다

이 말이 억지로 찾은 핑계인 것은 이 일이 있기 전인 1795년 3월에 있었던 일화로 알 수 있다. 정조는 신하들과 함께 세심대洗心臺로 행차해 꽃구경을 했다. 술도 몇 순배 돌고, 활쏘기도 끝났다. 임금이 먼저 시를 짓고, 신하들이 화답했다. 이때 내시가 오색 종이를 이어 붙인 채전彩箋을 가져왔다.

"누구의 글씨가 가장 속필速筆인가?"

"정 아무개이옵니다."

"화답한 시가 들쭉날쭉하니 네가 이 종이에다 가지런히 옮겨 적어라."

다산이 명을 받들고 임금이 계신 장막 앞 바닥에 종이를 펴고 붓을 들었다.

"아니다. 거기는 땅이 고르지 않으니, 들어와 어탑御榻 위에 올려놓고 쓰거라."

다산이 황공하여 머뭇대자 임금이 다시 재촉했다. 결국 임금이 위에 앉아 내려 보시고, 다산이 어탑을 사이에 두고 임금 앞에 마주 앉아 글씨를 썼다.

"음, 과연 빠르구나."

군신 간에 지은 시가 많아 이날 다산은 두루마리 4축을 써야만 했다. 그 앞뒤의 사연은 『다산시문집』 권 14에 실린 「발갱재첩跋賡載帖」에 자세하다.

정조는 전부터 이미 다산의 필체를 익히 알고 있었고, 그의 글씨체는 특별히 탈 잡을 것이 없는 단정한 글씨였다. 그런데 금정찰방으로 쫓아내면서 일부러 글씨를 구실 삼았다. 다산을 천주학쟁이로 내몰아 아예 매장시키려는 무리들에게 의도적으로 그것으로는 문제 삼지 말라는 자신의 의사를 시위한 셈이었다.

다산의 금정찰방 직임은 불과 다섯 달 만에 끝났다. 그는 1795년 12월 20일에 다시 용양위龍驤衛 부사직副司直에 임명되어 며칠 뒤 중앙 관직에 복귀했다. 1796년 10월에 정조는 다산을 규영부奎瀛府의 교서校書로 불러들였고, 『팔자백선』 등 여러 책을 내려주며 제목 글씨를 써서 올리게 했다. 다산이 쓴 글씨를 본 임금은 "이제는 필체가 훌륭하게 변했다"라고 칭찬했다. 앞서 탈 잡았던 글씨체마저도 면죄부를 준 것이다. 『사암선생연보』에 나온다.

다산은 그 뒤에도 서학 문제로 다시 비방을 입어 2년간 곡산 부사로 나가 있어야 했다. 돌아와 잠시 직분을 놓고 있었던 1799년 겨울, 임금이 다산에게 사람을 보내 전한 명령은 이러했다.

"육유陸游의 시 한 권을 베껴 써서 올리라."

책을 베껴 바치자 임금은 다시 주자시朱子詩 한 권을 써서 올리게 했다. 이 또한 부지런히 써서 바쳤다.

10여 일 뒤에 임금의 명을 전하러 온 심부름꾼이 다산의 집을 다시 찾았다.

"전하께서 지으신 「독춘추시병서讀春秋詩並敍」를 열 벌 깨끗이 베껴 쓰고, 전하께서 지은 시에 화답한 시를 함께 올리시랍니다. 참 그리고 따로 한 부를 베껴 책으로 만들어 집안에 간직해두라는 분부십니다."

다산이 이때 써서 올리고 따로 보관해둔 친필 부본이 지금도 남아 있다. 다산은 임금의 글을 옮겨 적으면서 그 효성과 학문을 기리고, 내각에 훌륭한 사자관寫字官이 많은데도 불구하고 자신이 무료할까 봐 위로하려고 이 일을 시키신 것이라며 성은을 헤

아렸다. 문집에는 정조의 글이 빠진 채 다산의 글만 「세서설洗書
說」이란 제목으로 실려 있다.

어찌 보더라도 다산은 정조에게 분에 넘치는 총애를 받았다.
군신 간 은정이 넓고도 깊었다. 정조의 그늘이 아니었더라면 다
산은 진작에 죽은 목숨이었다. 하지만 이듬해인 1800년 6월, 정
조가 급작스레 승하하자 다산은 더 이상 기댈 곳 없는 신세가 되
어 죽음 직전까지 내몰렸다.

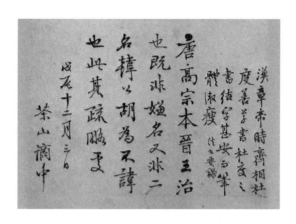

다산이 1808년 유배지인 다산초당에서 작은 쪽지에 적은 친필 메모. 가로 9센티미터, 세로 6센티미터의 크기다. 그는 글씨를 절대로 갈겨쓰지 않았고, 그 바탕에는 정조의 엄한 독책이 있었다.

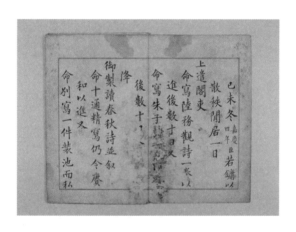

다산이 어명을 받아 쓴 「세서설」 부본의 첫 면. 김영호 소장.

메모 습관과 꼼꼼한 정리

책 여백에 쓴 적바림

다산의 작업량과 진행 속도, 그가 다룬 분야의 폭과 깊이를 보면 마음이 먼저 아득해진다. 어떻게 이런 작업이 한 사람의 손에서 동시다발적으로 진행될 수 있었을까? 다산 학술의 바탕을 이루는 공부와 학습 방법에 대해 간략하게 살펴보겠다.

다산이 읽었던 책에는 곳곳에 그의 메모가 남아 있다. 읽다가 퍼뜩 떠오른 생각이나 기억해야 할 내용을 그는 책 여백에 습관적으로 썼다. 조금 호흡이 긴 생각은 별도의 공책에다 주제별로 정리했다.

다산가에 전해온 『규장전운奎章全韻』은 정조가 새로 펴낸 운서였다. 그 책 첫 면 상단에 다산의 메모가 있다. 메모 끝에 '신용臣鏞'이라 한 것으로 보아, 규장각 시절에 쓴 것이다. 그 내용을 보면, 책 첫 면에 곡할 곡哭 자가 들어가 상서롭지 못하니 둘째 면으로 밀어내라 한 정조의 지시가 있었다. 그래서 운서에 굳이 안넣어도 될 어려운 네 글자를 일부러 추가해 둘째 면 첫자리에 곡자가 배치되도록 조정했다는 사연이다. 불쑥 적어둔 이 메모를 통해 당시 정조가 어떤 식으로 신하들을 독려하고, 사소한 문제까지 직접 챙겼는지 알 수 있다.

앞서 말한 영남대학교 도서관에 소장된 『독례통고』에도 책장을 넘길 때마다 다산의 메모가 빼곡하게 줄지어 나온다. 이 메모들은 해당 본문에 대한 코멘트와 자기 생각을 담았다. 때로는 논문 한 편에 해당하는 규모 있는 기록도 들어 있다.

메모마다 어김없이 적은 날짜와 장소, 심지어 당시의 몸 상태까지 적었다. 적소謫所에서 병중病中에 썼다고 한 메모는 아픈 중에도 붓을 들던 광경이 떠올라 마음이 짠해진다. 책 속 메모는 1802년 5월 22일부터 1810년 8월 23일까지 8년 넘게 지속되었다. 예학에 관한 다산의 생각이 어떻게 조직되었고, 또 자신의 저술에 반영되었는지 일목요연하게 보인다.

다산은 이렇게 긴 기간에 걸쳐 적어둔 메모를, 해배 후인 1821년 7월에 제자 되기를 청하며 두릉으로 찾아온 이인영李仁榮이란 젊은이의 손을 빌려 정리했다. 이것이 『여유당전서』 「상례외편喪禮外編」 권 3에 실린 「예고서정禮考書頂」이다. 이 제목은 『독례통고』란 책의 정수리에 적은 적바림을 옮겨 썼다는 의미다. 이렇게 해서 책의 여백에 쓴 메모 묶음이 한 편의 독립된 저술의 일부로 재탄생했다.

다산의 이른바 500권 저서 중에는 이 같은 정리의 결과물들이 적지 않다. 보통 고서는 3권을 1책으로 묶고, 이것을 활자로 바꾸면 2책 또는 3책 정도가 오늘날 책 1권 분량에 해당한다. 다산의 저서 500권은 요즘 식으로 환산하면 70여 권 분량쯤 될 것이다.

속필과 속기

앞서도 보았듯 다산은 속필로도 이름이 높았다. 손이 빠른 데다 총기가 뛰어나 대화를 그저 옮겨도 거의 녹취록 수준으로 만들어낼 수 있었다. 28세 나던 1789년 3월, 다산은 마침내 급제하여 내각의 초계문신으로 발탁되었다.

하루는 정조가 초계문신들을 소집했다. 최정예 신진기예가 한자리에 모였다. 『대학大學』을 주제로 한 즉석 토론회가 열렸다.

임금이 먼저 포문을 열었다.

"소학은 무엇이고, 대학은 무엇이냐?"

다산이 대답하자, 다시 질문이 떨어졌다.

"대학과 소학은 학교의 명칭이냐, 아니면 학문의 명칭이냐?"

다산이 주자의 서문을 근거로 학교의 명칭이라고 대답했다.

말이 떨어지기 무섭게 다음 질문이 이어졌다.

"15세에 대학에 들어간다고 하자. 14세인데 소학 공부가 아직 부족할 경우 대학으로 승급시켜야 할까? 유급시켜야 할까?"

다산은 공부는 단계를 건너뛸 수 없다고 대답했다.

그다음부터 임금은 빠졌다.

"이제부터는 너희들끼리 묻고 또 대답하며 토론해라."

다산은 그 바쁜 문답의 와중에 쉴 새 없이 붓을 놀려 오가는 대화를 붙들었다. 들으랴 말하랴 적으랴 정신이 쏙 빠질 지경이었다. 임금은 말없이 오가는 문답을 듣고만 있었다.

챕터별로 나눠 진행된 긴 토론이 마무리되었다. 임금은 이들을 다시 한자리에 모여 앉혔다. 그러고는 『대학』 전체에 대한 총론 격의 종합 토론을 한 차례 더 진행시켰다. 다산은 현장의 거친 메모를 들고 집으로 와서 폭포수처럼 쏟아진 질문과 대답을 수미가 일관된 한 권의 책자로 정리해냈다. 『희정당대학강의熙政堂大學講義』가 바로 그 책이다.

녹취한 것을 옮겨 적어도 정리가 힘들 작업을 그는 기민한 손과 놀라운 암기력으로 완벽하게 복원해냈다. 중간중간 당시 미처 생각지 못했던 대답은 '금안今案', 즉 '지금 생각해보니'란 말로 구분해서 추가하기까지 했다.

정조의 문답식 학습법

다산이 메모와 카드 작업의 중요성에 눈을 뜬 것은 정조의 이렇듯 매서운 학습법에 훈도된 결과다. 23세 때인 1784년 여름, 정조는 『중용』에 대해 70여 조항의 질문을 내렸고, 다산의 답안은 당시 최고의 평가를 받았다.

또 30세 나던 1791년 겨울에는 『시경』에 관해 한꺼번에 무려 800여 조목의 질문이 내려왔다. 임금은 40일의 시간을 줄 테니 답을 제출하라고 요구했다. 핑계는 활쏘기에서 과녁을 제대로 못 맞춘 벌이었다. 질문을 보고 놀란 다산이 20일을 더 요청해 겨우 두 달의 말미를 얻었다.

다산은 먼저 메모용 공책을 몇 권 마련했다. 『시경』의 체제에 따라 챕터별로 공책을 달리해서, 사서오경과 각종 고문 및 제자 백가, 그리고 역사서에서 『시경』이 단 한 구절이라도 인용된 것이 있으면 순서에 따라 해당 대목을 옮겨 적었다. 집중해서 작업하자 몇 권의 서브 노트가 만들어졌다. 중간중간 질문에 대한 답변 메모도 함께 진행해야만 했다.

임금의 질문은 세밀하고 구체적인 지점에 닿아 있었고, 이제까지 모든 『시경』 관련 저술의 총량이 결집된 방대한 분량이었다. 다산은 질문을 앞에 놓고 해당 내용이 인용되었거나 관련 언급이 실린 자료를 샅샅이 뒤졌다. 미리 꼼꼼하게 정리해둔 서브 노트가 작업 진행에 힘을 실어주었다. 대답도 대답이지만 무엇보다 질문의 내공이 무시무시했다. 학술 군주로서 정조의 면모가 그 질문 속에 다 들어 있었다. 다산은 꼬박 두 달간 작업해서 답변서를 제출했다. 그의 답변은 질문을 압도하는 꼼꼼한 논증과 해박한 논거 제시로 임금을 다시 놀라게 했다.

문답 순서대로 정리한 책자가 올라가자, 임금은 어필御筆을 들어 다음과 같은 평을 내렸다.

널리 백가를 인증하여 나오는 것이 끝이 없다. 진실로 평소에 쌓아둔 것이 깊고 넓지 않다면 어찌 능히 이와 같으랴. 내가 돌아보아 물어본 뜻을 저버리지 않았으니, 깊이 가상하게 여긴다.

다산은 임금의 비평이 곳곳에 즐비하게 붙은 이 책을 소중히 간직하다가, 18년 뒤인 1809년 가을에 강진 유배지에서 답변을 더 보충하여 이 책을 완성했다. 집안에 전해오던 가장본 『시경강의詩經講義』 앞쪽에 다산은 정조의 이 말을 특별히 큰 글씨로 썼다. 무서운 질문에 눈부신 대답으로 군신 간에 일합이 오갔다. 다산은 유배지에서 책 앞쪽에 정조께서 내린 비평을 옮겨 적으며, 돌아가신 임금이 그리워 주르륵 눈물을 떨궜다.

평소의 습관적 메모와 카드 작업의 위력을 잘 보여준 성과였다. 정리 후에도 『시경강의』에 질문 항목이 없어 미처 활용하지 못한 카드가 꽤 많이 남았다. 다산은 그것만 따로 추려서 『시경강의보詩經講義補』란 별도의 책자로 묶었다. 당시 중풍으로 마비가 와서 몸이 몹시 힘들었는데도 자신의 구술을 제자 이정에게 받아 적게 해서 이 작업마저 마무리 지었다.

메모는 다산 학술의 출발점이자, 거의 모든 것이었다. 다산과 그의 제자들은 메모하는 것으로 그들의 공부를 시작했다. 처음엔 임금이 묻고 다산이 대답했다. 임금이 세상을 뜬 뒤에는, 다산이 묻고 제자들이 대답했다. 공부는 이렇게 문답과 메모를 통해 대물림되었다.

『규장전운』 여백에 빼곡히 적힌 다산의 친필 메모. 김영호 소장.

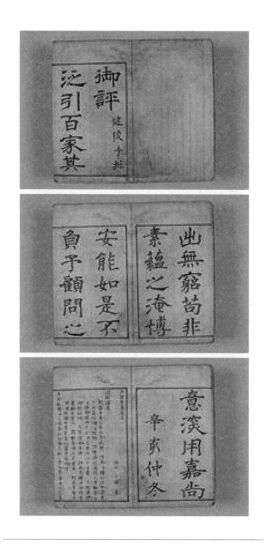

『시경강의』 앞쪽에 실린 정조의 비평. 김영호 소장.

토론과 강학

끊임없이 묻고 치열하게 답하다

이번에는 다산의 학습법 중 토론과 강학에 대해 살펴보겠다. 다산 생애의 여러 장면에서 집체 강학을 통한 토론 모습이 지속적으로 목격된다. 한 가지 주제를 들고 여러 날 한곳에 머물며 공부하고 토론하는 것은 다산이 속해 있던 성호학파의 학적 전통에 뿌리를 둔다. 이들은 공부 도중에 문제에 막혀 혼자 해결할 수 없는 상황이면 모여서 상의하고 함께 토론했다.

　이동 거리가 멀어 만날 형편이 못되면 쟁점을 두고 편지로 의견을 주고받았다. 편지 토론일지라도 의례적 인사나 시늉이 아니라 다시는 안 볼 사람처럼 살벌할 때가 많았다. 특히 강진 시절 문산文山 이재의李載毅와 주고받은 논쟁은 집요하고도 치열했다. 대충 합의해서 중간에 덮지 않았다. 양쪽 다 승복이 안 되면 깨끗하게 각자의 길을 갔다. 그러면서도 끝까지 상대의 인격을 존중한 것이 경이롭다.

화순 동림사에서 한겨울 형 정약전과 공부하며 토론한 일부터 성균관 반촌泮村에서 천주학 서적을 함께 모여 스터디하던 일, 온양 봉곡사鳳谷寺에서의 성호 학술 대회, 만덕사萬德寺 승려 아암과의 열띤 토론, 멀리 흑산도에 유배된 형 정약전과 오간 학술 문답, 해배 이후 신작申綽, 홍석주, 김매순金邁淳 등과 오간 논변 등은 모두 다산의 학적 생애에서 인상적인 장면들이다.

이벽과의 토론을 통한 답안 작성

1784년, 다산은 23세였다. 정조가 『중용』에 대한 70조목의 문제를 냈을 때, 다산은 이벽에게 도움을 청했다. 그는 다산보다 여덟 살이 많았다. 맏형 정약현의 부인 경주 이씨가 이벽의 누님이었다. 당시 다산은 회현방의 재산루동在山樓洞에 살았고, 이벽의 집은 수표교에 있었다. 성균관을 오가는 길목이었으므로 다산은 오다가다 그에게 자주 들렀다.

당시 이벽은 그해 초 이승훈이 자신의 부탁으로 북경에서 가져온 천주교 교리서를 전해 받고 서학에 깊이 빠져든 상태였다. 다산은 임금이 내린 질문을 듣고 자신의 생각을 들려준 뒤 이벽의 의견을 청취했다. 두 사람은 진지하게 토론하며 함께 답안을 작성해나갔다. 매끄럽지 못한 표현과 논의는 다산이 다시 깎아내거나 보태서 정리했다. 제출된 답안은 그 사유 방식이 워낙 독특해 정조가 보고 깜짝 놀랐다.

다산의 『중용』 문답의 바탕에는 인격적 존재로서의 천天과 상제上帝 개념 및 천도天道와 천명天命에 관한 서학적西學的 이해가 깊이 깔려 있었다. 다산은 훗날 강진 유배지에서 정리한 『중용자잠中庸自箴』과 『중용강의보中庸講義補』 여러 곳에서 이벽의 주장을 그대로 따왔음을 숨기지 않고 밝혔다. 당시 토론의 흔적과 생각의 주인을 분명히 하려 한 것이다.

1814년 『중용강의보』를 마무리 짓고 나서 서문 끝에 다산은 이렇게 썼다.

위로 광암曠庵 이벽과 토론하던 해를 헤아려보니 어느새 30년이 흘렸다. 그가 여태 살아 있었더라면, 덕에 나아가고 학문에 해박함을 어찌 나와 견주겠는가? …… 책을 어루만지며 흐르는 눈물을 금치 못한다.

1785년 가을 이벽이 갑작스레 병으로 세상을 뜨자, 다산은 「우인이덕조만사友人李德操輓詞」에서 그를 이렇게 애도했다.

선학仙鶴이 인간 세상 내려왔던가	仙鶴下人間
훤칠한 풍모가 드러났었네.	軒然見風神
깃촉은 눈처럼 깨끗하여서	羽翮皎如雪
닭과 오리 시기해 성을 냈었지.	鷄鶩生嫌嗔
울음소리 하늘 높이 울려 퍼지면	鳴聲動九霄
소리 맑아 풍진 위로 넘놀았다네.	嘹亮出風塵
갈바람에 홀연 문득 날아가 버려	乘秋忽飛去
구슬피 사람 마음 애닳게 하네.	惆悵空勞人

다산에게 이벽은 사람이 아닌 선학과 같이 고결한 존재였다. 훤칠한 풍모에 눈처럼 깨끗했다. 그런 그가 느닷없이 떠난 것을 인간 세상에 잠시 내려왔던 선학이 문득 원래 자리에 돌아간 것

에 견주었다. 맥맥한 슬픔이 느껴지는 시다.

하룻밤 만에 지어 올린 100운의 시

1795년 2월에 다산은 마침 병조에서 숙직 중이었다. 다산은 그 날 군중에서 쓸 암호를 '선화扇和'로 적어 올렸다. 마침 봄바람이 부채질하듯 따뜻하게 불어왔기 때문이다. 군기가 빠졌다고 여긴 정조가 암호를 고쳐 새로 올리라는 엄한 교지를 내렸다. 다산 말대로라면 아흔아홉 번이나 퇴짜를 맞은 끝에 '만세萬歲'로 올리자 겨우 재가가 떨어졌다.

곧바로 견책의 뜻을 담은 숙제가 내려왔다. '폐하는 만세를 누리옵소서. 신은 2천 석이 되었습니다陛下壽萬歲, 臣爲二千石'를 제목으로 새벽 문이 열릴 때까지 7언 배율 100운韻 200구 시를 지어 올리라는 엄명이었다. 숙제를 받았을 때 시각이 이미 밤 10시를 지나고 있었다. 출제 의도조차 모호한 제목이었다.

제목을 던져주고 가는 승지의 말이 이랬다.

"전한前漢 시절 인물의 활쏘기와 관계된 이야길세."

이게 힌트의 전부였다.

자료를 찾아 뒤질 시간 여유조차 없었다. 다산은 당시 조선 최고의 천재로 불리던 이가환의 집으로 문지기를 보내 다급하게 도움을 청했다. 자다가 일어난 이가환이 즉석에서 붓을 달려 관련 고사를 일러주었다. 한 시간 만에 답장이 돌아왔다. 11시를 막 넘긴 시간부터 다산은 붓을 달렸다. 7언 200구이니 무려 1,400자에 달하는 장편시를 운자의 규칙까지 맞춰 써야 했다. 내용은 전한 시절 왕길王吉이 창읍왕昌邑王 밑에서 중위中尉 벼슬을 할 때, 왕이 사냥을 과도하게 즐기므로 사냥을 그만두고 학문에 힘쓰라고 간했던 일을 가지고 쓰되, 임금의 축수와 자신의 다짐을 담은 제목의 조건을 충족시켜야 했다. 시간이 절대적으로 부족했다.

다산은 숨도 쉬지 않고 붓을 내달려, 마침내 장강대하의 7언 200구를 마치고 나서 붓을 던졌다. 새벽 4시 반이 막 지나고 있었다. 불과 다섯 시간 반 만에 그 엄청난 장시를 지은 것이다. 문집에 실린 「병조에서 분부에 따라 왕길의 석오사 100운을 짓다 騎省應敎, 賦得王吉射鳥詞一百韻」가 바로 그 작품이다.

정조는 애초에 기대도 하지 않다가 동트기가 무섭게 올라온 답안을 보고 입을 딱 벌렸다. 정조는 시 끝에 전후 사정을 자세히 적고 다음의 비평을 내렸다.

전개가 원만하고 구절이 야무지다. 중간중간 훌륭한 말도 많다. 오늘 이 사람의 작품은 신속하기는 시부詩賦보다 낫고, 내용은 표책表策에 밑돌지 않는다. 이처럼 실다운 인재는 드물다고 할 만하다.

작품을 본 대신들도 혀를 내두르며 고개를 절레절레 저었다.

3장

다산의 또 다른 하늘,
천주교

다산과 천주교

다산이 썼다는 『조선복음전래사』

다산에게 서학, 즉 천주교는 평생 헤어날 수 없었던 굴레였다. 결정적 순간마다 천주교 신앙 문제가 다산의 발목을 낚아챘다. 정조의 눈먼 사랑과 두둔이 없었다면 다산은 진즉 죽었을 목숨이었다.

조선 천주교회의 창립과 확산, 그리고 참혹한 박해의 과정에서 다산은 늘 한복판에 있었다. 조선 천주교회 창립 주역인 이벽은 큰형수의 동생이었고, 최초로 세례를 받고 돌아와 조선 교회 창설의 리더 역할을 맡았던 이승훈은 누나의 남편이었다. 형님인 정약전과 정약전의 스승 권철신, 권일신權日身 형제도 초기 교회 창립의 핵심 주역이었다.

형 정약종은 평신도 대표로 있으면서 『주교요지主敎要旨』란 천주교 교리서까지 썼다. 그의 아내 유소사柳召史 체칠리아와 딸 정정혜丁情惠, 아들 정하상丁夏祥은 모두 순교하여 가톨릭교회의 성인품에 올랐다. 먼저 세상을 뜬 큰아들 정철상丁哲祥은 복자福者가 되었다. 큰형 정약현의 딸 정난주丁蘭珠는 무력으로 쳐들어와서라도 종교의 자유를 얻게 해달라는 탄원으로 온 조선을 발칵 뒤집어놓은 황사영黃嗣永의 아내였다. 조상의 신주를 태우고 제사를 거부해 천주교 탄압의 신호탄을 쏘아 올리게 한 윤지충尹持忠은 다산과 사촌 간이었다. 윤지충을 천주교로 끌어들인 것도 바로 다산 형제였다. 정약종과 윤지충 또한 2014년 복자품에 올랐다.

다산과 친가나 외가로 4촌 이내 범위 안에서 가톨릭교회의 성인과 성녀가 셋, 복자가 셋씩이나 배출되었다. 순교자 수는 훨씬 더 많다. 사우師友를 포함해 다산과 관련된 순교자 명단은 초기 조선 가톨릭교회의 핵심 그룹 그 자체였고 또 전체였다. 그의 집안은 성인과 순교자의 가문이었다.

다산은 천주교에 관한 한 어떻게 하더라도 헤어날 수 없게 깊이 얽혀 있었다. 그는 이승훈에게 자청하여 세례를 받아 약망若望 즉 요한이라는 본명을 받았다. 한때 과거 시험공부도 팽개친 채 여럿이 모여 천주교 교리서를 공부하다가 물의를 일으키기도 했다. 명례방의 종교 집회에 참석해 적발된 일도 있었다. 자식들이 천주학에 깊이 빠진 것을 뒤늦게 안 아버지 정재원이 곁에 두고 철통 감시까지 했어도 다산의 마음을 돌릴 수는 없었다. 정조의 기대를 차마 저버릴 수 없어 배교의 길을 선택했지만, 그의 마음속에서 신앙의 불씨가 완전히 꺼진 적은 한 번도 없었던 것으로 보인다.

다산이 천주교 신자였던 것은 너무도 명백하다. 다만 배교한 뒤 만년에 다시 참회해 신자의 본분으로 돌아왔는지 여부로 의견이 엇갈린다. 천주교 쪽의 가장 신뢰할 만한 문서인 다블뤼 주교의 비망기에는 다산이 만년에 참회의 생활을 계속하면서 『조선복음전래사』를 저술했고, 세상을 뜨기 직전 종부성사까지 받았다고 기록되어 있다.

다블뤼 주교는 그의 비망기에서 초기 가톨릭의 조선 전래에 관한 기술은 너무 간략하나 매우 정확하고 잘된 다산의 『조선복음전래사』에 대부분 힘입었다고 분명히 썼다. 다블뤼는 1845년 김대건金大建 신부와 함께 조선에 입국한 이래 1866년 갈매못에서 순교할 때까지 21년간 조선에 머물렀던 조선통이었다. 그는 조선 사람보다 더 조선말을 잘한다는 평을 들었다. 그의 비망기는 때로 전문傳聞 과정에서 다소 과장이나 부정확한 내용이 일부 포함되었을망정 거짓으로 꾸며서 쓴 기록은 절대로 아니다.

하지만 정작 다산 자신의 글 속에는 그런 내용이 전혀 안 나타난다. 다산은 천주교와 관련된 인물이나 내용에 대해 철저히 함구하거나 외면하는 자기 검열을 거쳤다. 그간 이 문제에 관한 한국학 연구자와 천주교계의 논의는 얼음과 숯처럼 갈라져서 중간 지대가 전혀 없다. 자기 쪽에 유리한 내용만 보려는 통에 감정의 골만 깊어졌다. 다산의 신앙과 배교도 사실이고, 만년의 참회도 거짓이 아니다. 그렇다면 다산의 경학 연구는 이로 인해 허물어지고 마는가? 그럴 수는 없다.

이것은 결코 도 아니면 모, 전부냐 전무냐로 갈라 말해서는 안 될 문제다. 천주학과 유학의 공존, 이 가운데 다산을 배치시킬 수 있어야 한다. 다산이 만년에 천주교인으로 다시 돌아온 것과 그의 경학 연구 사이에 특별한 모순 관계가 없다는 가설이 대전제다. 이렇게 보면 다산은 겉 다르고 속 다른 이율배반의 인간이 아니라 그 시대를 전신으로 받아들여 치열하게 진실을 살다간 영혼이 된다. 실상은 뭔가? 다산은 어떻게 천주교에 발을 들여놓았고, 중간 과정은 어떠했나? 아니 그보다 18세기 후반 조선의 지식인들에게 천주학이란 대체 어떤 의미였을까? 이제부터 집중해서 이 문제를 찬찬히 살펴보겠다.

의식의 기층으로 스며든 천주학

해마다 두 차례 이상 중국으로 떠난 조선의 사신들은 북경을 갈 때마다 천주당에 들러 선교사와 필담을 나누고, 그들이 주는 각종 선물을 받아 왔다. 1764년 홍대용洪大容은 북경 성당에서 파이프오르간을 처음 보고, 음악에 대한 자신의 깊은 조예로 직접 건반을 눌러보았다. 천문학에 대한 본격적인 토론을 기대하고 신부와 면담을 요청했지만, 언어의 장벽 말고도 두 사람 사이에는 수학과 천문학에 대한 수준 차가 너무도 현격해서 심도 있는 대화는 애초에 진행될 수가 없었다. 관상감 옥상에 각종 천문 관측기구가 놓인 관상대는 조선 사신 일행이 꼭 가고 싶어 하는 장소 중 하나였다.

과학기술과 역법에 대한 호기심이 강렬해지면서 관심은 점차 그 배경 사유의 문제로 확장되었다. 마테오 리치의 『천주실의』

나 판토하(Diego de Pantoja, 중국명 방적아龐迪我, 1571-1618)의 『칠극』 같
은 책은 진작부터 조선에 들어와 많은 사람들이 읽고 있었다.

　기중가를 제작할 때 정조는 서양인이 쓴 『기기도설奇器圖說』
을 다산에게 내주어 참고하게 했다. 『직방외기職方外紀』 같은 지
리서와 마테오 리치가 제작한 「곤여만국전도坤輿萬國全圖」 같은
세계지도는 세상이 얼마나 넓고 복잡하게 구성되어 있는지를
깨우쳐주었다. 한문 서양서를 통해 미지의 세계에 대한 식견을
공유하는 것은 탐구욕에 불타던 조선의 지식 청년들에게 문제
될 것이 없었다.

　중국이 진즉 공인한 천주교를 조선이 굳이 배격할 이유가 있
는가? 게다가 마테오 리치를 비롯한 예수회 소속 선교사들은 보
유론적補儒論的 관점을 견지하고 있었다. 유학과 천주교는 상호
보완의 관계이지 대립할 필요가 없다고 보았다. 실제 조선 지식
인들이 구해 읽어본 『천주실의』나 『칠극』, 그리고 스콜라철학의
사유를 담은 『영언여작靈言蠡勺』 같은 책에는 이제껏 보지 못한
놀라운 통찰과 깊은 사유의 힘이 깃들어 있었다.

　주리主理와 주기主氣로 갈리고, 인성人性과 물성物性이 같으냐
다르냐로 나뉘어 100년 넘게 사생결단하고 싸우던 지식계의 풍
경 안에 속해 있다가, 이들 글을 읽자 홀연 답답함이 뻥 뚫리고,

새로운 세상의 한 축이 열리는 느낌을 가졌다. 이렇듯 천주학은 서양 과학기술서의 전파 붐을 타고 조금씩 알게 모르게 사대부의 의식 저층으로 스며들었다.

답안에 쓴 노아의 방주 이야기

이능화李能和가 1925년에 펴낸 『조선기독교급외교사朝鮮基督敎及外交史』의 제18장은 제목이 「정씨형제삼인丁氏兄弟三人」이다. 그중 다산이 탄핵받은 일을 다룬 「정약용피핵丁若鏞被劾」 조에 묘한 기사가 있다. 정조가 다산과 이학규李學逵에게 『어정규장전운御定奎章全韻』을 정리하는 작업을 시켰다. 책이 완성되어 올라갔다. 임금이 보니 '부父' 자의 풀이에 '시생기始生己'란 말이 나왔다. 시생기란 처음 나를 낳아준 분이란 뜻이다.

정조가 불쑥 물었다.

"이 뜻풀이는 어느 책에 나오는 것이냐?"

천주를 아버지라 부르는 것은 처음 나를 낳아주신 분이기 때문이라는 교리서 설명 중에 나오는 대목이었다. 이 문제로 신하들 사이에 『규장전운』을 훼판毀板해야 한다는 비난이 비등했지만 정조는 애써 무시했다.

한번은 '홍수'를 제목으로 문신들에게 시를 짓게 한 일이 있었다. 다산이 올린 응제시應製詩 중에 놀랍게도 '나아방주挪亞方舟'의 일, 즉 성경 속 노아의 방주 이야기를 인용한 내용이 들어 있었다.

왕이 다시 물었다.

"방주의 일은 어느 책에 나오느냐?"

다산이 대답했다.

"신이 전하를 모시고 읽을 적에 그 책에서 이 뜻을 보았나이다臣於侍讀之, 其書得見此義."

시생기와 노아의 방주는 모두 천주교 서적에 나오는 이야기였다. 정조 또한 그 책을 다산과 함께 보았다는 의미이기도 했다.

이 이야기는 월북한 최익한이 1955년에 펴낸 『실학파와 정다산』에서도 소개되었다. 여기서는 노아의 방주를 나닉那搦의 상주箱舟로 적었다. 이능화와 최익한 두 사람 모두 인용의 명확한 근거를 밝히지는 않았다. 당시 천주교 서적에서 노아는 낙액諾厄, 즉 '노에'로 표기하였으니 근거가 된 원전 자료의 확인 문제가 남는다. 혹 당시까지 다산 집안에 분명히 있었던 『균암만필』속 내용이 아니었을까 싶지만 단정키는 어렵다.

최익한은 이 일화를 소개한 뒤 한 발짝 더 나아가 "당시 반대

당의 공세가 없었다면 서서西書 연구와 서교西教 신앙은 큰 문제로 되지 않고 오히려 자유 상태에 있었을 것"이라고 지적했다. 「『여유당전서』를 독함」에서는 "가령 당시에 벽파 서인이 영구히 집권하고 또 왕위 계승자가 정조의 혈통이 아니었다면 정조 자신도 사학邪學을 비호한 연좌율을 죽은 뒤에 어떤 형식으로도 받지 않았을까?"라고 했다. 그 혜안이 자못 놀랍다.

초기 천주교회사에서 중요한 역할을 차지한 명례방 공동체.

은하수를 보았네

배 안에서 처음 들은 천주학 강의

다산은 22세 나던 1783년 성균관에 처음 입학했고, 큰아들이 태어났다. 그해 회현방으로 이사해 누산정사樓山精舍에서 살았다. 한 해 동안 여러 가지로 좋은 일이 많았다. 이듬해인 1784년 여름, 큰형수의 동생인 이벽의 도움으로 『중용강의中庸講義』 70조목을 지어 올려 임금의 극찬을 받았다.

이벽은 『중용강의』만 도와준 것이 아니라, 다산 형제들에게 서학을 심었던 사람이었다. 이에 앞서 큰형수가 어른들 병구완을 하다가 전염병이 옮아 갑작스레 세상을 떴다. 1784년 4월 15

일, 누이의 기제사에 참석했던 이벽은 다산 형제와 함께 배를 타고 서울로 돌아왔다. 돌아오는 배 위에서 이벽은 정씨 형제들에게 천주학에 대해 강의했다. 팔당에서 미사리까지는 여울이 져 쏟아져 내리는 물길이었다. 이벽의 강의는 그 물길처럼 도도해 거침이 없었다.

다산은 훗날 중형 정약전을 위해 쓴 「선중씨묘지명」에서 이때 일을 이렇게 적었다.

우리 형제는 이벽과 함께 한배를 타고 내려오다가 배 안에서 천지조화의 시작과 육체와 정신, 삶과 죽음의 이치에 대해 들었다. 멍하니 놀라고 의심스럽기가 마치 은하수가 끝없는 것만 같았다.

세상은 어떻게 창조되었는가? 사람이 죽으면 영혼은 어떻게 되는가? 우리는 어디서 와서 어디로 가는 걸까? 이벽은 들뜬 상태로 신이 나서 천주교의 가르침을 펼쳤다.

그의 이야기를 들은 다산의 첫 반응은 어땠을까? 다산의 표현대로라면 "멍하니 놀라고 의심스러웠다惝怳驚疑"였다. 창황惝怳은 너무 놀란 나머지 정신이 멍해진 상태를 말한다. 대체 무슨 말을 하는 거지? 어쩌자는 거야? 이것이 다산의 첫 반응이었다.

그러고 나서 다시 "마치 은하수가 끝없는 것만 같았다若河漢之無極"라고 당시 심리 상태를 설명했다. 이 대목을『조선천주교회사』를 쓴 달레를 비롯해 대부분의 연구자들이 천주교 교리를 듣고 나서 은하수를 보는 것처럼 황홀한 상태에 빠져들었다고 해석했다. 그렇지 않다. 이 표현은『장자莊子』「소요유逍遙遊」편에서 따온 것이다.

『장자』의 해당 대목은 이렇다.

내가 초나라 미치광이 접여接輿의 말을 들었는데, 거창하기만 하고 합당한 구석이 없었다. 한없이 펼치기만 했지 돌아올 줄 몰랐다. 나는 그의 말이 놀랍고 두려워서 은하수가 끝이 없는 것만 같았다吾聞言於接輿, 大而無當, 往而不返. 吾驚怖其言, 猶河漢而無極也.

하한무극河漢無極은 중국어 사전에 '이야기가 허무맹랑하고 불경스러워 도저히 믿기 어려운 것을 비유하는 표현比喻言論荒誕不經, 難以置信'으로 나와 있다. 그러니까 이벽에게서 처음 천주교 교리를 들은 다산의 첫 반응은 '황홀'이 아닌 '황당'이었다. 저 사람이 왜 저런 말을 할까? 도대체 무슨 얘길 하는 거지?

하지만 갑작스레 확 달라진 이벽의 확신에 찬 말과 행동에 호기심이 생긴 다산 형제는 상경 직후 이벽을 찾아가 마테오 리치의 『천주실의』와 판토하의 『칠극』 외에 샤바냑(Emericus de Chavagnac, 중국명 사수신沙守信, ?-1717)이 쓴 천주교 교리서 『진도자증眞道自證』과 마이야(De Mailla, 중국명 풍병정馮秉正, 1669-1748)가 정리한 가톨릭 성인전인 『성년광익聖年廣益』 등을 빌려 읽었던 듯하다. 아담 샬(Adam Schall, 중국명 탕약망湯若望, 1591-1666)이 쓴 『주제군징主制群徵』과 삼비아시(Sambiasi, 중국명 필방제筆方濟, 1582-1649)가 영혼에 관해 쓴 철학서 『영언여작』 같은 책자도 포함되었을 것이다.

형제는 그제야 앞서 느낀 황당함을 지우고 "비로소 기쁘게 마음이 기울어 그리로 향하였다始欣然傾嚮". 황당함은 어느새 황홀함으로 바뀌었다. 몽롱하던 정신이 돌아오면서, 이후 형제는 강력한 은하계의 블랙홀 속으로 걷잡을 수 없이 빨려 들어갔다.

북경에 가거든 천주당을 찾아가게

이벽은 전부터 혼자 남몰래 천주학 관련 책을 찾아 읽고 있었다. 그는 성호 이익의 조카 정산貞山 이병휴李秉休의 문인이었다. 이벽이 1776년 10월 15일에 스승 이병휴의 영전에 올린 친필 제문이 남아 있다. 1774년 그는 덕산으로 이병휴를 찾아가 여러 날 머물며 훈도를 받았고 이후 서신 왕래로 사제 인연을 이어갔다.

이병휴는 양명학에 기운 성호 좌파에 속한 학자였다. 권철신, 권일신 형제가 그 문하에서 수학해, 이른바 서학을 열린 마음으로 받아들인 신서파信西派의 흐름 위쪽에 있었던 인물이다. 이벽은 서학이 더없이 궁금했지만 혼자 하는 공부로는 한계가 있었다. 무엇보다 제대로 된 책을 구할 수가 없었다.

1783년 겨울, 가깝게 지내던 벗 이승훈은 아버지 이동욱李東郁을 수행하는 자제군관 자격으로 북경을 향해 출발했다. 부친은 서장관의 직분을 맡고 있었다.

이벽은 다산의 자형이기도 한 이승훈을 찾아갔다.

"내 긴히 이를 말이 있네. 북경에 가거든 천주당을 꼭 들러주게. 거기에 서양에서 온 선교사가 있을 걸세. 가서 그를 만나 신경信經 한 부를 달라고 청하고, 세례도 달라고 하게. 그러면 신부가 틀림없이 자네를 아껴 기이한 물건을 듬뿍 줄 걸세. 그저 돌아오면 절대로 안 되네."

황사영의 백서帛書에 나오는 내용이다. 당시까지 이승훈은 천주학을 잘 몰랐다. 그는 서양의 기이한 물건을 많이 받아 올 수 있다는 이벽의 말에 홀연 호기심이 동했다.

한편 당시 북경 교구장으로 있던 포르투갈 출신의 구베아 (Alexander de Gouvea, 중국명 탕사선湯士選, 1751-1808) 주교가 1790년 10월 6일에 바티칸의 안토넬리(Leonardo Antonelli, 1730-1811) 추기경에게 보낸 편지가 남아 있다. 여기에 당시 이승훈의 행적이 보인다.

1784년에 조선 왕국에서 온 사신 가운데 한 사람의 아들이 수학을 너무도 배우고 싶은 마음에서 북경 교회를 찾아왔었습니다. 그러고는 수학을 가르치는 유럽인 선교사에게 수학의 원리에 대해서도 듣고 수학책들도 얻어갔습니다. 그런데 유럽인 선교사들은 이 조선 사람에게 수학만 가르친 것이 아니라, 기회를 봐서 가끔씩 그리스도교의 원리들에 대해 이야기해주기도 하고 그리스도교에 대한 내용을 담고 있는 책들을 건네주기도 하는 등 많은 신경을 썼습니다. 그 결과 그 사람은 천주교의 진리를 깨닫게 되었으며, 마침내 세례를 달라고 요청하기에 이르렀습니다. 그러고는 사신으로 온 아버지의 승낙과 동의를 받은 다음 세례를 받게 되었습니다.

─ 윤민구 역주, 『한국 초기 교회에 관한 교황청 자료 모음집』, 가톨릭출판사, 2000, 44쪽.

이 편지에 따르면 당시 이승훈은 수학 공부를 위해 천주당을 찾았고, 그 과정에서 천주학에 훈도되어 마침내 자청해서 세례를 받기까지 했다. 애초에 그는 서양서를 구해 와 당시로서는 첨단 학문인 서학에 대한 이해도를 높여볼 생각이 컸다.

훗날 서학 문제로 이승훈, 정약용과 원수가 된 이기경은 1791년 11월 13일에 올린 초토신후土疏 상소에서 1783년 겨울, 이승훈이 연경에 간다기에 전별차 나갔더니, 자기를 붙들고 이번 참에 북경에서 서양서를 구입해 오려고 하는데 재력이 부족하니 금전을 보태달라고 했다는 증언을 추가했다.

어쨌거나 이승훈은 서학보다는 수학에 더 관심이 있었고, 이후 신부와의 대화 과정에서 천주교에 깊이 이끌려 조선인 최초로 세례를 받았다. 그가 받은 본명은 베드로였다. 조선 교회가 그의 반석 위에 서리라는 바람이 담겼다. 당시 신부들과의 대화는 필담으로 진행되었다. 그의 영세는 대부분의 신부들이 아직 준비가 덜 됐다고 반대하는 중에, 유일하게 그라몽(Jean Joseph de Grammont, 중국명 양동재梁棟材, 1736-1812) 신부의 지지를 받아 성사되었다. 이승훈은 그라몽 신부가 주는 교리책과 상본像本 등 각종 성물을 듬뿍 받아 들고 조선으로 돌아왔다.

제 죄를 고백합니다

1996년 로마교황청 포교성 고문서고에서 이승훈이 1789년 말과 1790년 7월 11일에 북경 성당의 선교사들에게 보낸 편지 두 통이 발견되었다. 한문 원본은 사라지고, 라틴어와 이탈리아어 그리고 프랑스어로 번역되어 공증을 거친 것이었다.

이승훈이 1784년 세례를 받고 귀국한 이후, 조선 천주교회 창립을 위한 노력의 경과를 보고하고, 그간 자신이 무지로 인해 교회법을 어긴 사실들을 적시한 후, 죄의 용서를 청한 내용이었다. 첫 번째는 영세할 당시 교리 지식이 부족했는데 그래도 영세가 유효한가, 아니면 다시 받아야 하는가? 두 번째는 자신이 수학을 공부하려는 욕망 때문에 성교회에 입교했는데 순수성이 결여된 입교 동기가 문제 되지는 않는가? 세 번째는 북경에서 받은 천주상과 성물들을 국경 검색을 피하기 위해 외교인外敎人에게 맡겼다가 돌려받았으니, 이것이 혹 신성 모독죄에 해당하는 것은 아닌가?

어찌 보면 꽤 유치한 수준의 대죄待罪였는데, 이제 막 열성적으로 신앙에 불타오르던 그로서는 어쩌면 대단히 심각한 문제였을 수도 있겠다는 생각이 든다. 이승훈에게서 천주교 교리서를 전해 받은 이벽은 그길로 외딴집을 구해 그곳에 처박혀서 골똘한 교리 학습에 돌입했고, 1784년 4월부터는 다산 형제들에게 배 위에서 그랬던 것처럼 광적인 열정에 휩싸여 포교 행동에 돌입하였다.

판토하가 쓴 『칠극』. 다산 형제는 배 위에서 이벽으로부터 처음 천주교 교리를 듣고 난 이후 그를 찾아가 『천주실의』, 『진도자증』 등을 빌려 읽으며 천주학에 빠져들었다.

1784년, 이벽의 도장 깨기

외딴 방

1784년은 한국 천주교회의 원년이었다. 이승훈이 북경에서 영세하고 동지사^{冬至使} 일행을 수행해 서울에 도착한 것은 3월 24일. 목을 빼고 기다리던 이벽은 그길로 이승훈을 찾아가 천주교 교리서를 전해 받고 북경에서 세례를 받던 이야기를 들었다. 이후 이벽은 아예 외진 곳에 방을 구해 틀어박혀 본격적으로 교리 연구에 돌입하였다.

누이의 제사에 참석하고 오는 길에 다산 형제에게 선상^{船上} 강의를 한 것이 4월 15일이었으니, 그는 실제로 보름 남짓한 기

간 동안 다산의 자형인 이승훈이 가져온 천주교 교리서를 집중
탐구했다. 다산 형제가 그의 첫 포교 대상이 되었다.

선상 강의 11일 뒤인 4월 26일 정조는 성균관 제생들에게
『중용』에 대한 일흔 가지 질문을 내려 여기에 답할 것을 명했다.
다산의 본격적인 『중용』 학습이 이로부터 시작되었다. 이벽은
기꺼이 안내자 역할을 맡았다. 임금의 질문은 묵직했고, 대답은
대략 난감했다. 두 사람은 문제를 하나하나 토론하며 답안의 방
향을 잡아나갔다. 이 과정에서 이벽의 높은 식견은 다산에게 깊
은 인상을 남겼고, 이후 다산의 학문 세계 형성에 큰 영향을 끼
쳤다.

정조가 『중용』에 대해 내린 일흔 가지 질문 중 두 번째는 이와
기의 선후에 대한 율곡과 퇴계의 주장을 짧게 인용한 뒤, 어느
것이 맞는지 적확한 의론을 듣고 싶다는 것이었다.

다산의 대답은 이랬다. 조금 풀어서 옮긴다.

신은 사단을 이에 넣고, 칠정을 기에 두는 이분법적 사고에 오래
의문을 품어왔습니다. 만약 이런저런 주장에 얽매지 않고 선입
견 없이 본다면 쉽게 따질 수가 있을 것입니다. 기란 자유지물自
有之物, 즉 제 스스로 존재하는 것이고, 이란 의부지품依附之品, 곧

실재에 기대어서만 드러나는 개념적인 것입니다. 의부지품은 반드시 자유지물에 기대야만 합니다. 실재가 있은 뒤에 개념이 나오기 때문입니다. 그렇다면 기를 펴서 이가 여기에 올라탄다 氣發理乘라고는 할 수 있어도 이를 펴서 기가 따라온다理發氣隨라고는 말할 수 없겠습니다.

퇴계의 주리설을 부정하고 율곡의 주기설에 손을 들어준 모양새가 되었다. 다산의 이 견해를 두고 제출 후 비난이 비등했지만 정조는 이를 칭찬했다. 일반론을 추종하지 않고 자기 생각이 잘 드러나 있다는 이유에서였다. 하지만 다산의 이 생각은 바로 마테오 리치의 『천주실의』에서 나온 것이었다. 『천주실의』는 중국 선비와 서양 선비가 천주교 주요 교리에 대해 토론하는 방식으로 기술한 책이다. 태극에 대해 논의하다가 질문이 이의 문제로 옮겨 갔을 때, 마테오 리치가 대답했다.

대저 사물의 종류에는 두 가지가 있지요. 자립하는 것自立者과 기대는 것依賴者이 그것입니다. 천지와 사람, 조수鳥獸와 초목 등 다른 것에 힘입지 않고 스스로 존재하는 것이 자립지품自立之品이고, 다른 물건에 의탁하여 개념을 이루는 오상五常이나 칠정 같은 것은 의뢰지품依賴之品이 됩니다.

마테오 리치가 자립지품이라고 한 것을 다산은 자유지물로 살짝 바꿨고, 의뢰지품은 의부지품이라 하여 한 글자만 교체했다. 배경에 깔린 개념 사유는 똑같다. 마테오 리치는 토마스 아퀴나스Thomas Aquinas가 존재론에서 실체substance와 속성attribute으로 설명한 개념, 즉 구체적 개별자로서 현상적 실체와 추상적 보편자로서 초월적 이데아로 구분한 내용을 성리학의 이기 개념에 대입했다. 다산은 바로 그의 이 용어를 끌어와 조선 성리학 핵심 논쟁의 진앙인 주기와 주리의 주장에 대입했던 셈이다. 그 뒤에 이벽이 서 있었다.

답안에서 다산은 이 밖에도 인격신으로서의 상제 개념과 귀신 문제 등에 대해 천주교의 관점을 반영한 과감한 주장을 펼쳐, 국왕 정조에게 심각한 인상을 남겼다. 생각의 틀을 바꾸자 안 보이던 지점이 보였다. 서학 관점으로 경학을 보니 새로운 차원이 열렸다. 천주학은 유학의 부족한 점을 채워줄 보유補儒의 종자가 분명했다. 이벽의 느닷없는 선상 강의에 이어, 그의 조력을 받아 작성한 『중용강의』 답안이 뜻밖의 성공을 거두자, 다산은 이벽에 대한 신뢰를 업고 천주학에 한층 더 급격히 빨려 들어가게 되었다.

166

순식간에 1천 명으로 불어난 신앙 조직

북경에서 서양 신부에게 직접 영세해 온 이승훈은 그때까지 정작 천주교 교리에 대한 이해가 부족했다. 그는 1789년 북경 천주당의 신부에게 보낸 편지에서 이렇게 썼다.

저는 어떤 학자를 만나게 되었는데, 그 사람은 이미 예전에 우리 종교에 관한 책을 한 권 발견하고는 그 책을 여러 해 동안 열심히 연구하고 있었습니다. 그 사람의 노력은 결코 헛되지 않았으니, 그는 천주교에 관한 문제 중에서도 가장 이해하기 어려운 부분들까지 잘 알고 있었습니다. 하지만 그의 신앙과 열정은 그가 알고 있는 지식보다도 더욱 대단하였습니다.

이승훈이 만났다는 어떤 학자는 말할 것도 없이 이벽이다. 이승훈은 같은 편지에서 "그들이 어찌나 열렬하게 세례를 베풀어 달라고 간청하던지, 저는 모든 사람들의 요청대로 제가 북경에서 세례를 받을 때 행해졌던 예절에 따라 많은 사람들에게 세례를 베풀어주었습니다"라고 했고, 또 "1784년 이후부터 저희들의 설교를 듣는 사람들이 점점 늘어나, 하느님을 흠숭하는 사람들이 사방 천 리에서 천여 명에 이르게 되었습니다"라고 썼다.

바싹 마른 들판에 불이 번지듯 걷잡을 수 없는 기세로 신앙의 불길이 타오르기 시작했다. 다산도 1784년 9월경 자청하여 이 승훈에게 영세했다. 그의 세례명은 약망, 즉 사도 요한이었다.

이벽과 이가환의 사흘 논쟁
―――――――――――

이가환은 자신의 생질인 이승훈과 함께 이벽과 다산 형제가 주 축이 되어 천주교 신앙을 급속도로 전파하고 있다는 소식을 접 했다. 이가환은 이를 제지하기 위해 이벽을 찾아갔다. 그 또한 서학에 미쳤던 사람이었다. 이가환은 남인계에서는 서학의 1인 자였다. 하지만 철학과 과학에 대한 호기심이었지 신앙 차원은 아니었다.

달레의 『조선천주교회사』에 따르면 이벽과 이가환의 격정적 인 토론은 여러 명의 입회 아래 무려 사흘간이나 계속되었다. 황 사영의 백서에도 이 토론회 장면이 자세하게 묘사되어 있다. 다 산도 「정헌묘지명貞軒墓誌銘」에서 이가환이 그에게 가서 힐난했 지만, 이벽이 장강대하 같은 웅변으로 철벽처럼 고수하므로 말로는 도저히 이길 수가 없었다고 적었다. 세 사람의 기록이 같다.

전투에 가까운 사흘간 논쟁은 이벽의 완벽한 승리로 끝났다. 천하의 천재 이가환도 이벽의 논리를 당해낼 수 없었다. 달레는 당시 상황을 이렇게 묘사했다.

이가환은 승리를 확신하고 있었다. 그러나 그의 주장은 하나하나 그 논적에게 지적되고 조목조목 반박되었다. 이벽은 세밀한 점에까지 추궁하여 이가환의 논리의 건축을 모두 파괴하고 먼지로 만들어버렸다.

더 나아가 "그것은 마음이 순진하고 정직한 사람들을 많이 사로잡았으며, 새 신자들의 마음속에 그 지배력을 강화하였다"라고 썼다. 다산도 분명 이 자리에 입회하고 있었을 것이다.

토론에서 패한 뒤 이가환이 남겼다는 다음 한마디가 인상적이다.

이 도리는 훌륭하고 참되다. 그러나 이를 따르는 사람에게 불행을 가져다줄 것이다. 어떻게 할 것인가?

달레는 이후 이가환이 천주교에 관한 한 한마디도 하지 않았다고 썼고, 황사영의 백서에서는 이와는 달리 이가환이 제자들을 권유하여 교리를 가르치고, 이벽 등과 아침저녁으로 비밀리에 왕래하며 신앙생활을 시작했다고 적었다.

이가환과의 논쟁에서 승리한 이벽은 한층 자신감을 얻었다. 다음번 논전은 이기양李基讓과의 사이에서 벌어졌다. 그는 천하의 이가환이 이벽에게 투항했다는 소문을 듣고 이벽에게 달려갔다. 다시 긴 토론이 벌어졌다. 달레는 『조선천주교회사』에서 이렇게 썼다.

이기양은 토론을 견뎌낼 수 없어 침묵을 지켰다. 그는 마음속으로는 믿는 듯하였으나, 솔직하게 그렇다고 시인할 결심은 하지 못했다.

2차전 또한 이벽의 완벽한 승리였다.

두 차례 논전에서 승리한 일로 한껏 고무된 이벽은 본격적인 도장 깨기에 나섰다. 그의 다음 타깃은 권철신이었다. 권철신은 성호학파의 한 흐름을 장악한 이른바 녹암계鹿菴系의 수장이었다. 그는 당대 손꼽는 학자로 명망이 높았다. 고매한 인격까지 갖

취 모든 이의 존경을 한 몸에 받고 있었다. 이벽은 권철신이 천주교로 넘어오면 그 파급력이 실로 엄청날 것이라 생각했다.

이벽은 다짜고짜 권철신의 집이 있는 양근의 감호로 찾아갔다. 이벽은 10여 일간 감호에 머물며 권철신과 그의 아우 권일신을 천주교 진리로 이끌기 위해 설득을 거듭했다. 권철신이 망설이는 사이에 그의 아우 권일신은 곧바로 천주교 입교를 결심하고 행동에 옮겼다. 얼마 못 가 권일신은 그의 모든 가족과 친구, 그리고 중인들에게까지 천주 교리를 가르쳐 입교시켰다. 이후 양근 지역은 신앙촌이 형성되어, 1800년 5월에 지평 신귀조申龜朝가 임금께 올린 글에는 "양근 한 고을은 사학이 대단히 성행해서 안 배우는 사람이 없고, 행하지 않는 마을이 없다"라고 썼을 정도였다. 천주교는 요원의 불길처럼 타올랐고, 초기 천주교회의 중심부에 다산이 있었다.

남인 학맥 간의 동요와 균열

천주학은 유문의 별파

1784년 여름 이래 이벽의 행보는 거침이 없었다. 최고의 논객 이가환이 그의 논리에 무릎을 꿇었고, 그해 9월에는 원로급 이기양(1744-1802)과 권철신 형제마저 이벽에게 설득당했다는 풍문이 파다했다. 성균관 유생 중에서도 재기 명민한 젊은 그룹이 그를 적극 추종하고 있었다. 다산은 그들 중 선두 주자였다.

이는 1776년 정조 즉위 이래 서양 과학기술 수용에 적극적인 관심을 표명하면서, 젊은 그룹 사이에서 서학 공부가 유행처럼 번져갔던 사정과도 무관치 않다. 36세 때인 1797년에 작성해 올린 「동부승지를 사직하며 비방에 대해 변백한 상소辨謗辭同副承旨疏」에서 다산은 당시 상황을 이렇게 적고 있다.

신이 서학책을 본 것은 대개 20대 초반입니다. 이때 일종의 풍기가 있어, 능히 천문역상天文曆象의 주장과 농정수리農政水利의 기계, 측량추험測量推驗하는 기술에 대해 잘 말하는 자가 있으면 세속에서 서로 전해 해박하다고 지목하곤 하였습니다. 신은 그때 나이가 어렸으므로 가만히 홀로 이것을 사모하였습니다. 하지만 성품이 조급하고 경솔하여 몹시 어렵고 교묘하고 세밀한 내용은 세심히 탐구할 수가 없어 그 지게미나 그림자도 얻은 바가 없었습니다. 도리어 사생死生의 주장에 휘둘리고, 『칠극』의 가르침에 귀가 쏠리며, 삐딱하고 기이하게 변론을 펼친 글에 현혹되었습니다. 유문儒門의 별파로 알고, 문단의 기이한 감상거리로만 보아, 남과 얘기할 때도 아무 거리낌이 없었습니다.

똑똑한 젊은이라면 서양학에 관심을 쏟는 것은 당시의 일반적 추세였다. 임금도 적극 장려하던 일이었다. 그러다 점차 영혼에 대한 주장, 천당과 지옥에 대한 학설, 그리고 『칠극』에서 일곱 가지 죄악을 이겨내는 가르침 등을 읽으면서 유학의 별파로 알고 이 공부에 빠져들게 되었다고 변명한 것이다.

기호 남인 집단 안에서 천주교가 무서운 파급력을 보이자, 남인 내부에서도 이 같은 상황을 심각하게 우려하는 경계경보가 발령되었다. 성호학파의 좌장 격인 안정복(1712-1791)이 처음 포문을 열었다. 1784년, 당시 73세의 안정복은 양근의 권철신(1736-1801)과는 나이 차이가 스물네 살이나 났다. 둘은 애초에 사제 간이었다. 안정복은 아우 권일신(1742-1791)의 장인이기도 했다.

안정복과 권철신은 전부터 공부에 대한 견해 차이로 소모적인 논쟁을 계속해왔다. 한계를 느낀 권철신은 1772년 안정복에게 편지를 보내 더 이상 학문적 토론을 하지 않겠다고 선언한 바 있었다. 그랬던 권철신이 1784년 11월에 안정복에게 문득 편지를 보내왔는데, 그 가운데 이상한 내용이 있었다.

지난날에는 글의 의미에만 얽매이는 바람에 실제로 얻은 것은 하나도 없이 큰 죄만 입었습니다. 혼자 생각해보니 아침저녁으로 제 허물을 구할 겨를조차 없는데 어찌 감히 다시 글에 대해 논하겠습니까? 이제껏 어리석은 견해로 적바림하여 기록한 것들을 한꺼번에 모두 없애버리고, 아직 살아 있을 때 오직 침묵으로 스스로를 닦아 큰 악에 빠지지 않는 것이 구경究竟의 방법이 될 것입니다.

이것은 유학을 버리고 천주학으로 전향하겠다는 선언에 가까웠다.

천주가 능히 구해줄 수 있겠는가?

안정복은 권철신의 느닷없는 편지가 몹시 낯설었다. 편지 속 그는 자신이 알던 사람이 아닌 듯했다. 1784년 11월 22일에 다급하게 발송한 안정복의 답장은 이랬다.

공의 편지를 받았소. 전날의 규모와 크게 다른 데다, 자못 이포새伊蒲塞의 기미를 띠고 있었소. 공은 어찌하여 이 같은 말을 하는 게요? 편지에 또 '죽기 전에 침묵으로 스스로를 닦아 큰 악에 빠지지 않는 것이 궁극의 방법일 것'이라고 했더군. 이 어찌 달마가 소림사에서 면벽하면서 아침저녁으로 아미타불만을 외워 전날의 잘못을 참회하고, 부처님 전에 간절히 빌기를, 천당에서 태어나고 지옥에 떨어짐을 면하고자 하는 뜻과 다르겠는가? 나는 그대가 이 같은 말을 하는 까닭을 참으로 알 수가 없소.

이포새는 우바새優婆塞와 같은 뜻으로 집에서 계율을 수행하는 재가 불자를 가리키는 표현이다. 권철신의 편지는 속세를 초월한 고승의 말투에 가까웠다. 더 이상 유학의 논설에 대해 왈가왈부하지 않겠다. 단지 침묵하며 그간의 내 잘못을 속죄하겠다. 말끝에 단호한 결심이 묻어났다.

며칠 뒤 마지못해 쓴 권철신의 답장이 돌아왔다. 상관 말라는 투였다. 안정복은 편지를 받자마자 12월 3일에 권철신에게 다시 편지를 썼다. 이기양이 찾아와 천주교 수양서인 『칠극』을 빌려 가더라는 영남 선비의 전언을 거론하는 사이에, 안정복의 감정은 차츰 거칠어졌다. 그의 편지를 듬성듬성 건너뛰며 읽는다.

그 뒤로 여기저기서 양학洋學이 크게 일어났는데, 아무개와 아무개가 우두머리이고, 아무개 아무개는 그다음이며, 그 나머지 좇아서 감화된 자는 몇이나 되는지도 모른다고 합디다. 이벽이 여러 권의 책을 안고 그대를 찾아갔다고 들었소. 이벽은 내가 평소에 아끼고 중히 여겼는데, 이제 이곳을 지나면서 들르지도 않으니 그 연유를 모르겠구려. 가는 길이 달라 이제 서로 상관하지 않겠다는 것이 아니겠소.

앞 편지까지만 해도 돌려 얘기하던 것을 이제는 내놓고 말했다. 안정복은 이재남李載南과 이재적李載績에게 『칠극』을 빌리고, 유옥경柳玉卿에게도 편지를 보내 『기인십편畸人十篇』과 『영언여작』을 더 빌렸다. 그들과 본격적인 일전을 치르자면 이편에서도 상대의 공부 내용을 알아둘 필요가 있었다. 이들에게 보낸 편지에도 "요즘 듣자니 우리 무리 중에 연소하고 재기가 있는 자들이 모두 양학을 한다는 말이 낭자하여 덮어 가릴 수가 없구려. 그대도 틀림없이 들었을 것이오"라는 내용이 보인다.

1784년 12월 14일에 안정복은 다시 권철신에게 세 번째 편지를 썼다. 더 이상은 좌시할 수 없다는 결기를 담은 장문의 편지였다.

지금 듣자니 아무 아무개의 무리가 서로 약속을 맺어 신학新學의 주장을 힘써 익힌다는 말이 낭자하게 오가고 있소. 또 접때 들으니 이기양이 문의文義에서 보낸 한글 편지 중에 자기 집안의 두 젊은이가 모두 천주학 공부를 한다고 칭찬해마지않았다더군. 이 어찌 크게 놀랄 만한 일이 아니겠는가? 내가 그 책을 대략 살펴보니 문제가 너무 많고, 책 속 이야기는 허탄하여 성현을 비방하는 뜻이 한둘이 아니었네. 일전에 권우사權于四가 와서 자다가 서학에 말이 미쳤는데, 그가 이렇게 말하더군. "중국에서도 일찍이 서학을 금하여 천 사람 만 사람 넘게 죽였어도 끝내 금할 수가 없었고, 일본 또한 서학을 금하여 수만 명을 죽였답니다." 어찌 우리나라에도 이 같은 일이 없을 줄 알겠소? 설령 일망타진의 계책을 세운다 해도 몸을 망치고 이름을 더럽힌 욕스러움을 받게 되면, 이때 천주가 능히 구해줄 수 있겠소?

오가는 말이 점차 가팔라지고 있었다. 안정복은 그사이에 자신이 천주학에 대해 공부해 정리한 「천학설문天學設問」이 있는데 다음에 보내주겠다며 확전擴戰을 예고했다.

반격

이왕에 뽑은 칼이었다. 안정복은 이기양에게도 편지를 썼다. 안정복이 보기에 천주학의 가장 배후에는 권철신과 이기양이 버티고 있음이 분명했다. 이 둘의 뒷배 없이 이럴 수는 없는 일이었다. 둘을 꺾어야 이벽의 광풍은 비로소 사그라들 것이었다.

지난번 권일신이 와서 힘써 천주학을 내게 권하더군. 나는 그저 귓가를 스치는 바람 소리려니 했었소. 그 뒤 또 편지를 보내 내게 이를 권하면서, 천주학이 참되고 실다워[真真實實] 천하의 큰 근본이요 통달한 도리라고 말하는 지경에 이르렀소.

사위 권일신이 장인인 자신을 찾아와 천주학을 함께 믿어보자고 적극 권유하기까지 했다는 것이다. 이 일을 고비로 권철신 형제와 이기양 측의 반격도 조금씩 수위가 높아졌다.
다시 해가 바뀌었다. 1785년 2월, 안정복은 이기양에게 한 번 더 붓을 들었다.

지난번 종현鍾峴에서 보낸 답장을 보니 앙칼진 말이 많았소. 내 생각에 그대가 내 말을 늙은이의 잠꼬대 같은 소리로 보는 것이 분명하구려. 어이 깊이 허물하겠는가? 다만 지난번 권일신이 들렀다가, 내가 어리석은 견해를 지녀 깨닫기 어려움을 걱정한다면서 이런저런 얘기를 하고 갔다네. 이제껏 어둡고 앞뒤 막힌 생각을 종내 깨치지 못하니, 이야말로 앞서 말한 지옥의 고통을 받는 것에 불과할 것일세그려.

  권일신은 연거푸 장인을 찾아가 천주교 논리를 설득하기 위한 적극적 행동에 나서고 있었다. 여기에 실린 안정복의 편지들은 문집에는 빠진 것이 더러 있고, 친필 초고인 『순암부부고順菴覆瓿稿』 제10책에 날짜순으로 실려 있다. 권철신과 권일신, 이기양의 당시 편지는 하나도 남은 것이 없다.

의금부에 적발된 천주교 집회

천주를 믿는 것이 왜 잘못입니까?

1785년 3월, 의금부에 속한 기찰포교들이 명례방의 장례원掌禮院 앞을 지나고 있었다. 그중 한 집 앞에 유독 신발이 많아 분위기가 수상쩍었다. 포교들은 노름판이 벌어진 것으로 여겨 현장을 덮쳤다. 가만히 염탐해보니 방 안 광경이 사뭇 기괴했다. 수십명의 사내들이 '분면청건粉面靑巾', 즉 모두 얼굴에 분을 바른 채 푸른 두건을 쓰고 있었다. 손을 움직이는 동작이 해괴했다. 『벽위편闢衛編』에 나온다.

얼굴에 분은 왜 발랐고, 푸른 두건은 왜 썼을까? 특별히 아랫

목 중심에 사려 앉은 사내는 푸른 두건으로 이마를 가리고 어깨까지 드리우고 있었다. 그 둘레에 선비 복색의 수십 명이 둘러앉아 그가 하는 말을 한마디라도 놓칠세라 귀 기울여 듣고 있었다. 저마다 책을 들었고, 행하는 예법과 태도는 유가의 사제 간보다 한층 엄격하였다.

투전판으로 알고 들이닥쳤던 기찰포교들이 예상 밖 낯선 광경에 오히려 당황했다. 현장을 수색하면서 더 놀랐다. 듣도 보도 못한 서양인의 화상이며 십자가와 수상쩍어 보이는 책자 및 물품들이 압수되었다.

그곳은 역관譯官 김범우金範禹의 집이었다. 가운데 앉았던 사내는 이벽이었다. 자리에 함께 있던 인물들은 이승훈과 정약전, 정약용 형제 및 권일신과 그의 둘째 아들 권상문權相問이었다. 권일신의 매부인 이윤하李潤夏와 이기양의 아들 이총억, 이기양의 외종인 정섭鄭涉 등도 포함되어 있었다. 다들 권철신 형제와 이기양을 정점으로 하는 남인 명문가의 쟁쟁한 집안 자제들이었다. 중인층도 여럿이 있었다.

이들은 나이를 떠나 이벽에게 깍듯한 스승의 예를 표했다. 조사 결과 이들은 벌써 여러 달째 날짜를 정해 모이고 있었다. 날짜를 정해 모였다는 말은 주일을 지켜 미사를 행했다는 의미다.

이벽이 썼던 푸른 두건은 북경 천주당의 사제들이 미사 때 쓰던 제건祭巾을 본떠 만든 것이었다.

급작스러운 보고를 들은 형조판서 김화진金華鎭은 더 놀랐다. 압수해 온 물품은 한눈에도 천주교 교리책과 예수의 화상, 그리고 집회 의식에 필요한 것들이었다. 자칫 불똥이 어디로 튈지 알 수가 없었다. 일이 걷잡을 수 없이 커질 것을 우려한 김화진은 장소를 제공한 중인 김범우만 옥에 가두고, 나머지는 방면하는 것으로 이 일을 덮으려 했다. 이것이 조선에서 천주교 신앙 조직의 존재를 처음으로 세상에 알린 을사년 추조적발사건의 시작이었다.

쉬 가라앉을 것 같던 상황은 예측을 빗나가 이상하게 돌아갔다. 김화진이 김범우에게 서학을 어째서 믿느냐고 추궁하자, 그는 "서학은 좋은 점이 너무 많은데, 이를 믿는 것이 왜 잘못입니까?" 하고 당당하게 대답했다. 『사학징의邪學懲義』에 나온다. 그 대답으로 인해 그는 매서운 형벌을 받았다. 아무리 심한 고문을 하면서 배교를 재촉해도 김범우는 꿈쩍도 하지 않았다. 그는 확신범이었다. 하지만 형벌은 그에게만 국한되었다.

물건을 돌려주시오

해괴하고 맹랑한 일은 그것으로 끝나지 않았다. 전날 방면한 자들이 이튿날 형조로 찾아와 앞서 압수해 간 성상聖像, 즉 예수의 화상을 돌려달라고 당당히 요구했던 것이다. 권일신이 앞장서고, 이윤하와 이총억, 정섭과 이름이 알려지지 않은 한 사람 등 다섯 사람이 함께 왔다. 이윤하는 성호 이익의 외손자였다. 형조판서 김화진이 화를 벌컥 내며 이들의 무모한 행동을 꾸짖었다. 하지만 그들은 막무가내였다. 눈에 뭔가 씐 듯했다.

사건 직후 성균관 유생 이용서李龍舒와 정서鄭漵 등 여러 사람이 연명으로 올린 통문通文에 당시 이들이 했다는 말이 나온다. 이들은 형조판서에게 자신들도 김범우와 똑같이 처벌해달라면서, "다만 원하기는 육신을 속히 버리고 영원히 천당에 오르고 싶을 뿐惟願速棄形骸, 永上天堂"이라고 했다. 그들은 이튿날도 오고 그다음 날도 또 왔다. 돌려줄 때까지 그만두지 않을 기세였다. 부형이 금해도 듣지 않았고, 벗들이 말려도 소용없었다. 그들에게 예수의 화상은 단지 소중한 물건 이상의 그 무엇이었던 것이다.

통문에는 그들뿐 아니라 성균관 유생 중 공부깨나 한다하는 명성 있는 자들마저 그들과 동학이라 말하면서 여러 번 글을 올렸다고 적혀 있다. 공부깨나 한다는 연소한 자란 다름 아닌 다산을 지칭한 말이었다. 다산은 당시 성균관에서 임금의 주목을 한몸에 받고 있던 기대주였다.

1784년 4월 15일에 이벽이 다산 형제들을 대상으로 편 첫 선상 포교 이후, 이가환, 이기양, 권철신 등 쟁쟁한 남인계 학자들과의 연쇄 토론과 포교 과정을 거치면서, 1784년 말에 천주교는 파죽지세로 신앙 집단을 형성했다. 이들은 연말 언저리부터 모임을 가지기 시작해, 1785년 3월에는 푸른 두건과 서책 등 집례에 필요한 물품을 마련하여 주일미사를 봉헌하고 있었다.

얼굴에 분은 왜 발랐을까? 거룩한 의식에 앞서 몸과 마음을 정결히 갖기 위한 정결례淨潔禮 절차였을 것으로 짐작한다. 검거 당시 포교들이 목격한 해괴한 손놀림은 성호를 긋는 행동, 사람마다 손에 들었던 책은 미사의 기도문과 순서를 적은 경본이거나 교리서였을 터였다.

발칵 뒤집힌 세 집안과 밀착 감시
───────────────

집단으로 모여 집회를 갖다가 의금부에 적발된 일이 알려지자,

이벽과 이승훈, 정약용의 집안이 발칵 뒤집혔다. 그들의 부친은 저마다 즉각 강력한 제지 행동에 돌입했다. 이승훈의 부친 이동욱과 정약용의 아버지 정재원은 자식이 사학에 깊이 빠진 것을 모르고 있다가 큰 충격을 받았다. 두 사람은 자식들에게 친지의 집을 돌며 제 입으로 사학을 끊겠다는 다짐을 공표하게 했다.

나아가 이승훈의 부친 이동욱은 가족을 모두 불러 모아놓고, 뜰에서 서학 관련 서적을 불 질렀다. 그것들은 1년 전 자신이 서장관으로 북경에 갔을 때 구해 온 것들이었다. 이때 이동욱은 분서焚書의 심경을 담은 7언 율시 두 수를 지었다. 그 시는 남아 있지 않다. 아들 이승훈에게도 앞으로 천주교와 결별하겠다는 각오를 담은 벽이단闢異端 시문을 짓게 했다.

당시 이승훈이 썼다는 「이단을 물리치다闢異」란 시는 이랬다.

하늘과 땅의 윤리, 동과 서로 나눠지니   天彝地紀限西東
저문 골짝 무지개다리 구름 속에 가렸구나.   暮壑虹橋晻靄中
한 심지 심향 피워 책을 함께 불태우고   一炷心香書共火
저 멀리 조묘潮廟 보며 문공文公께 제 올리리.   遙瞻潮廟祭文公

2구는 주자가 「무이도가武夷櫂歌」 제1곡의 3, 4구에서 "무지개다리 한번 끊겨 아무런 소식 없고, 일만 골짝 천 개 바위 저녁 안개 잠겨 있네虹橋一斷無消息, 萬壑千巖鎖暮煙"라 한 데서 뜻을 취해 왔다. 진리로 건너가는 무지개다리는 이미 끊어졌다. 저문 골짝은 안개 속에 갇혀 한 치 앞을 내다볼 수 없다. 애초에 동양과 서양의 윤기倫紀란 같을 수가 없는 것이었다. 무지개다리만 건너면 피안으로 건너갈 수 있으려니 나는 믿었다. 이제 미망에서 깨어나 한 심지의 향을 태우며, 나를 미혹케 했던 천주교 관련 책자를 다 불에 사른다. 그런 뒤에 조주潮州에 있는 당나라 한유의 사당을 향해 우러러 큰절을 올리면서 사죄하겠다고 적었다.

한유는 「불골표佛骨表」를 지어 당나라 때 세력을 떨치던 불교를 이단으로 강력하게 배척하였던 인물이다. 그러니까 한유가 정학正學인 유학으로 이단인 불교를 배척하였듯, 자신도 천주교를 버리고 유학으로 돌아오겠다고 다짐한 시다. 그는 정말로 배교할 마음이 있었던 걸까? 그렇지 않다.

다산은 1783년 봄 이후 회현방의 누산정사에서 살았다. 그러다가 1785년 1월에 회현방의 담재澹齋로 거처를 옮겼다. 장인 홍화보가 1784년 12월에 강계도호부사가 되어 떠나면서 처가가 비어 있었다. 추조적발사건 직후 소내에 머물던 다산의 부친 정재원은 즉각 상경하여 아들의 거처에 머물렀다.

사건 직후인 1785년 4월에 다산이 지은 시에 「담재에서 아버님을 모시고 주역을 공부하다陪家君於澹齋講周易」란 시가 있다. 정재원은 다산을 붙들고 앉아 『주역』을 직접 가르쳤다. 일종의 밀착 감시가 시작되었다. 다산이 지은 시의 끝 두 구절은 이렇다.

성인도 때로는 잘못 있나니   聖人時有過
회린悔吝은 밝고 어두움에 말미암는다.   悔吝由明昏

회린은 뉘우침과 인색함이다. 잘못해도 뉘우치면 흉함이 길함으로 바뀌고, 자만해 뻗대면 길함은 흉함으로 변한다. 그러니까 회와 린 두 태도는 마음의 밝음과 어둠의 차이를 반영한다.

다산의 이 구절은 한때 자신이 잘못된 길에 발을 들여놓았지만 깊이 뉘우쳐 바른길로 돌아오겠노라고 말한 것이다. 그저 읽으면 부자간에 『주역』을 강학한 흐뭇한 광경이지만, 맥락을 놓고 보면 일종의 반성문 성격을 띤 시였다. 이단 배격을 선언한 것에 가까웠다. 정재원에게 다산은 집안을 일으킬 희망이었다. 그런 그가 삐딱한 길로 가는 것을 결코 좌시할 수 없었다. 이때 다산은 정말 천주학을 버렸을까? 그럴 리 없다.

설립 당시의 명동성당. 지금의 명동성당은 김범우의 집터에 세워
졌다.

이벽의 충격적 죽음

부친 자살 소동과 이벽의 정신착란

다산은 아버지 정재원의 감시 아래 다시 수험생 모드로 돌아섰
다. 다산은 상황 판단이 늘 빨랐다. 고집을 부려 경거망동할 때가
아니었다. 이벽과 이승훈 등 두 주축의 발이 꽁꽁 묶인 상태에
서 할 수 있는 일도 없었다. 이 시기 다산은 부친과 함께 『주역』
을 읽었다. 훗날 천주교 신앙 문제로 평생 원수가 된 이기경과도
가깝게 지냈다. 용산에 있던 그의 정자로 가서 과거 준비를 위한
변려문 공부에 몰두했다. 이후 다산이 다시 성균관의 각종 시험
에서 연거푸 우수한 성적을 거두자 아버지 정재원의 감시도 조

금 느슨해졌다.

중심부가 와해된 천주교 집회는 중단되었다. 스스로 이단 선언을 한 이승훈은 운신이 어려웠다. 이벽은 당시 온 집안이 동원된 강력한 감금 상태에 놓여 있었다. 다산 형제에게도 부친의 보이지 않는 감시가 따라다녔다. 모든 것이 이전의 일상으로 돌아왔지만, 열병보다 강렬했던 신앙의 열정이 하루아침에 없던 일로 될 수 있는 것은 아니었다. 겉으로 평온한 나날이 흘러갔다. 하지만 자형 이승훈의 이단 선언과 큰형의 처남 이벽의 강제 연금으로 공백 상태에 빠진 지도부 상황을 지켜보던 다산의 심경은 말할 수 없이 참담했을 것이다.

미사 집회 장소를 제공했던 김범우는 참혹한 형벌 끝에 너덜너덜해진 몸으로 귀양을 떠나 뒤에 그곳에서 죽었다. 막 꽃봉오리가 맺히던 조선 천주교회는 다시 눈 속에 파묻혔다. 할 수 있는 일이 없었으므로 다산은 냉각기를 갖고 교회 재건의 기회를 살펴야 했다.

사돈 간이기도 한 양가 부친의 적극적 노력으로 이승훈과 다산 형제 쪽은 외견상 진정되었다. 성정이 과격했던 이벽의 아버지 이보만李溥萬은 추조적발 이후 아들이 수괴라는 사실까지 알게 되자 그야말로 펄펄 뛰었다. 그는 아들에게서 천주교를 떼어

191

내려고 갖은 설득과 위협을 거듭했다. 이벽은 꿈쩍도 하지 않았다. 그러자 이보만은 천주교로 인해 집안이 문 닫는 꼴을 볼 수 없으니, 당장 배교하지 않으면 자신이 먼저 죽겠노라며 자식 앞에서 목을 매는 소동까지 벌였다. 그 서슬에 이벽은 그만 주춤했다.

이벽은 키가 180센티미터가 넘는 거구로 한 손으로 100근의 무게를 너끈히 들어 올리는 장사였다. 외모로 풍기는 위엄이 있어 모든 이의 시선을 끌었던 미남자였다. 어려서부터 고집이 워낙 세서 누구도 그를 꺾지 못했다.

다블뤼의 비망기에는 연금 당시 이벽을 배교하게 만들려고 갖은 책략을 썼다는 이름을 알 수 없는 천주교도 한 사람이 등장한다. 그가 이벽에게 부렸다는 재간과 책략은 구체적 설명 없이, 인간이 상상할 수 있는 모든 계략과 거짓말을 죄다 동원했다고만 적었다. 바깥소식이 차단된 이벽에게 함께했던 동료들의 잇단 이탈과 배교 행동을 부풀려 말한 것일 터였다. 다블뤼의 비망록은 이렇게 이어진다.

이러한 끊임없는 공격에 이벽은 글로는 묘사할 수 없는 상태 속으로 던져졌다. 그는 기운이 없고, 말이 없고, 침울한 사람이 되었다. 낮이고 밤이고 눈물이 그칠 줄 몰랐고 시시각각으로 그의 신음 소리가 들려왔다. 그는 더 이상 옷을 벗지 않았으며 잠은 멀리 달아났다. 가끔 먹기는 하였지만 모든 식욕을 잃은지라 아무 맛도 없었고 몸에 도움도 안 되었다. 이 심한 상태는 지속될 수가 없었고, 불행하게도 본능이 이겼다는 조짐이 드러났다.

달레는 또 "이벽은 마침내 시달림에 지치고 배교자에게 속고 실망에 빠진 아버지를 보고서 정신이 착란되어, 그 사람의 말에 넘어가게 되었다. 명백하게 배교하는 것은 주저하여, 두 가지 의미를 지닌 표현으로 자신의 신앙을 감추었다"라고 당시 이벽이 처한 정황을 부연했다.

이벽의 돌연한 죽음

초기에 이벽의 영혼은 불안과 우울에 침식당했고, 극도의 불면증에 시달리며 식음을 전폐해 착란상태에 이르렀다. 하지만 이후 그는 차차 평온을 되찾아 건강을 회복했다. 신앙의 열병은 겉보기에 없었던 일처럼 되었고, 심지어 그는 과거를 통해 관직에 진출하겠다는 의지를 피력하기까지 해서 가족들을 안심시켰다.

이때 이벽이 실제로 배교 상태로 빠져든 것인지, 탈출을 위해 가족들을 방심케 하려는 의도된 행동이었는지는 이제 와서 가늠할 길이 없다.

이 와중에 1785년 7월 초 이벽의 갑작스럽고도 비극적인 죽음이 다산에게 전해졌다. 이 소식을 접하고 다산이 받았을 엄청난 충격은 짐작하고 남음이 있다. 6월 말 역병이 돌았던 듯하다. 다블뤼와 달레는 페스트로 표현했지만 역사 기록에는 관련 내용이 보이지 않는다. 장티푸스나 콜레라 같은 질병이었을 것이다. 쇠진한 육신에 역질이 스며들자, 가족들은 이벽에게 땀을 내게 하려고 이불을 뒤집어씌웠다. 이불 속에서 이벽은 땀구멍이 열리지 않은 채 질식하여 그만 삶의 맥을 놓았다. 병을 앓은 지 8일 만의 일이었다. 참으로 허망한 결말이었다. 그의 죽음으로 천주교 신앙 집단은 최고이자 거의 유일한 이론가를 잃었다.

다블뤼와 달레는 『조선순교자비망기』와 『조선천주교회사』에 당시 이벽의 상황과 심리 상태, 죽음에 이르기까지의 경과를 마치 곁에서 지켜본 것처럼 세세하게 묘사했다. 특별히 이벽에 대한 다블뤼의 너무나도 상세한 묘사는 다산이 만년에 지은 것으로 알려진 『조선복음전래사』란 책에 수록된 내용임에 틀림없다. 다산이 아니고는 이벽의 마지막을 이렇듯 핍진하게 묘사할 수 없다. 다블뤼 주교도 직접 자신의 비망기 내용 중 천주교회사의 초기 부분은 정약용이 수집해 기록한 것에 전적으로 의지했다고 밝히고 있다. 다블뤼의 비망기 중에서도 이벽 관련 내용의 소개는 다른 대목과는 비교도 안 될 만큼 길고도 상세하다.

이벽의 사망 시기에는 기록에 따라 얼마간의 혼선이 있다. 다블뤼와 달레는 이벽의 사망이 1786년 봄이라고 썼다. 하지만 다산이 쓴 「우인이덕조만사」가 편년순인 『다산시문집』에 1875년 여름에서 가을 사이에 실렸고, 제7구에 "갈바람에 홀연 문득 날아가 버려"라 했으니, 1785년 7월의 일이 분명하다. 족보에도 그렇게 나온다.

신서파를 대변한 『조선복음전래사』

다산이 썼다는 『조선복음전래사』에 대해서는 다산의 만년을 언급할 때 따로 자세히 논할 기회를 갖겠다. 『조선복음전래사』란 책 제목은 다산이 지은 원래 명칭이 아니라, 다블뤼 주교가 자신의 『조선순교자비망기』에서 *Les notes manuscrites sur l'établissement de la Religion Chrétienne en Corée*로 번역한 것을 우리말로 다시 옮길 때 번역자가 임의로 붙인 제목이다. 다블뤼의 명칭을 직역하면 다산이 지었다는 책의 제목은 『조선 천주교 설립에 관한 비망기』다. 나는 『조선복음전래사』의 원래 제목이 『대동서학고大東西學攷』이거나 『서학동전고西學東傳攷』쯤이었을 것으로 본다.

다산은 강진 유배 시절 해남 대둔사의 역사를 정리한 『대둔사지大芚寺誌』를 엮을 때, 뒤편에 부록으로 『대동선교고大東禪敎攷』를 포함한 바 있다. 말 그대로 조선 불교 전래사에 해당하는 저술이다. 다산은 불교 신자로서 이 책을 쓴 것이 아니다. 필요에 의해 역대 문헌에서 불교 전래와 신앙에 관한 내용을 편년체로 일목요연하게 정리했을 뿐이다.

만년의 다산은 공서파인 이기경이 엮은 『벽위편』과 이재기李在璣의 『눌암기략訥菴記略』 등 척사의 시각에서 기술된 책자의 논리에 맞서 천주학이 전래 도입되던 초기의 상황과 중심인물들의 행적에 대해 객관적으로 기록해둘 필요성을 느꼈을 것이다. 이를 위해 그는 신서파를 대변해 이른바 『조선복음전래사』를 집필하고, 주변 일화들은 『균암만필』 등의 기록으로 남겨, 저들의 공세에 대응코자 했던 것으로 판단한다.

이벽의 죽음으로 초기 천주교 신앙 집단은 배를 이끌 선장을 잃었다. 다산은 이벽에 대해 말할 때면 늘 우인, 즉 벗이라고 했지만, 다산에게 이벽은 벗보다는 스승에 더 가까웠다. 그에게 이벽은 학문적 사유의 힘을 보여주었고, 무엇보다 천주학의 황홀한 은하계를 활짝 열어 보여주었던 스승이었다.

그랬던 그를 추조적발사건 이후 얼굴 한 번 못 본 채 지내다가 석 달 만에 참혹한 부고를 들었다. 이벽의 죽음은 다산의 젊은 시절 가장 충격적인 사건이었다. 그의 죽음으로 다산의 청년 시절은 한 매듭이 지어졌다. 그로부터 30년이 지난 강진 시절에, 다산은 이벽과 젊은 시절 함께 작성했던 『중용강의』를 새로 정리해 『중용강의보』로 마무리한 뒤, 서문에 이렇게 썼다.

위로 광암 이벽과 토론하던 해를 헤아려보니 어느새 30년이 흘렀다. 그가 여태 살아 있었더라면, 덕에 나아가고 학문에 해박함을 어찌 나와 견주겠는가? 옛글과 지금 글을 합쳐서 본다면 틀림없이 놀랄 것이다. 하지만 한 사람은 살아남았고 한 사람은 죽었으니 탄식한들 무슨 소용이랴. 책을 어루만지며 흐르는 눈물을 금치 못한다.

1814년 7월 말에 썼다. 그 행간에 고인 회한이 맥맥하게 느껴진다.

1785년의 잔인한 여름은 이렇게 지나갔다. 다산 연보나 시문집만 봐서는 정말이지 아무 일도 없었던 아주 평온한 여름이었다. 연보 속 그는 임금의 관심을 한 몸에 받던 성균관의 주목받는 수험생일 뿐이었다. 하지만 이 일이 있고 나서 다산은 전혀 다르게 변했다. 속 깊은 곳에 다른 사람이 들어앉아 있었다.

다블뤼 주교의 『조선순교자비망기』의 표지(왼쪽)와 본문(오른쪽). 그는 이 책에서 추조적발 이후 이벽의 상황과 심리 상태, 죽음에 이르기까지의 경과를 마치 곁에서 지켜본 것처럼 세세하게 묘사했다.

4장

다산은 신부였다

안정복과 이기양의 일합

독서한 사람도 이렇게 합니까?

1785년 10월 10일, 문의현감으로 있던 이기양이 천주학에 쏠린 남인 젊은 층의 움직임에 지속적으로 제동을 걸어오던 안정복을 불쑥 찾아왔다. 앞서 소개한 1784년 12월 14일 안정복이 권철신에게 보낸 세 번째 편지에서, 이기양이 문의에서 보냈다는 사적인 한글 편지에 대해 안정복이 공개적으로 언급한 것이 사단이었다.

안정복의 집으로 들어서는 이기양의 서슬이 보통 때와는 확연히 달랐다. 이기양은 자신보다 서른두 살이나 연장인 안정복에게 다짜고짜 따져 물었다.

"선생님! 편지 속에 '문의언찰文義諺札'이란 네 글자는 제 어머님의 편지인데, 그걸 어째서 남에게 말씀하십니까?"

머쓱해진 안정복이 "우리가 남인가? 일가나 한가진데 그게 무슨 잘못인가?" 하자, 이기양이 정색을 하고 쏘아붙였다.

"그러시면 안 되지요. 그 한글 편지를 손님이 올 때마다 보여준 것은 또 어째서입니까?"

안정복이 바깥 사람에게 보인 적이 없다고 하자, 이기양이 말허리를 자르며 또 말했다.

"어째 이런 법이 있습니까?"

궁지에 몰린 안정복이 대답했다.

"설령 그렇다 해도 내가 노망이 들어 그런 것인데, 어찌 이다지 심하게 말하는가?"

이기양은 물러서지 않고 매섭게 몰아붙였다.

"절대로 이럴 수는 없습니다. 지난번 권철신과 제게 보낸 편지를 두고 사람들이 모두 재앙을 만들려는 화심禍心에서 나온 것이라고 합니다."

말이 아주 살벌했다. 천주학을 공개적으로 비난한 안정복의 행보가 장차 남인 내부에 큰 재앙을 불러들이려는 의도된 행동이라고 찔러 말한 것이다.

놀란 안정복이 대답했다.

"금번 서학이 어찌 사군자가 배울 만한 것이란 말인가? 내가 크게 염려가 되어 경계의 말을 했던 것인데, 이것이 어찌 화심으로 그런 것이겠는가? 성격이 급해 곧이곧대로 말하다 보니 이런 뜻밖의 일이 생긴 것일세."

말투에 기세가 급격히 꺾였다.

이기양이 한 번 더 안정복을 몰아세웠다.

"평소 어르신의 꼼꼼하심은 남들이 미칠 바가 아닙니다. 허심탄회하게 터놓고 말씀하셨다니요?"

말실수가 아니라 모두 계산된 행보가 아니냐는 추궁이었다. 『벽위편』 중 「안순암을사일기安順庵乙巳日記」 속에 나온다.

이 일은 당시에 아주 파문이 컸다. 이재기의 『눌암기략』에는 같은 사건이 조금 다르게 묘사되어 있다. 짧게 소개한다.

이기양은 장자長者의 풍모가 있던 사람이었다. 그는 젊어 안정복을 스승으로 모시고 배웠다. 안정복이 사는 동네 어귀에 당도하면 반드시 말에서 내려 걸어서 갔다.

왜 그러느냐고 묻자 그의 대답이 이랬다.

"어진 이가 사는 마을에 들어갈 때는 반드시 예를 표해야 한다. 하물며 내 스승을 섬기는 것이 아닌가?"

이렇듯 안정복에게 깍듯하게 예를 표하던 그였다.

애초에 안정복이 이기양에게 편지를 써서 그 아우인 이기성李基誠에게 잡서를 보지 못하게 하라고 당부하면서 한글 편지를 증거로 댔다. 이기성은 안정복의 손녀사위였다. 이기성 또한 천주교에 깊이 빠져 있었다. 그 어머니 심씨가 안정복의 며느리에게 편지를 보내 자식이 천주학에 잘못 들어간 것을 걱정했다. 안정복은 며느리의 말을 전해 듣고 이 편지를 언급했던 것이다.

이 일에 격분한 이기양은 아예 가마를 타고 방문 앞까지 들이 닥쳐 내리면서 크게 소리 질렀다.

"규방 안에서 일어난 일을 남에게 얘기하니, 독서한 사람도 또한 이렇게 한단 말인가?"

그러고는 말을 나누지도 않고 가마를 타고 나가버렸다.

동네 밖에서 말을 내려 공경을 표하던 이기양이 스승인 안정복의 방문 앞까지 가마를 타고 와서 포악을 부리고 갔다는 얘기다. 이재기는 이 일을 변괴變怪라고 썼다. 실제로는 앞서 본 것처럼 방 안에 들어가 조목조목 따져서 매섭게 힐책했을 텐데, 얘기가 한 단계 건네지는 과정에서 부풀려졌다. 어쨌거나 이 일은 안정복에게 엄청난 충격을 주었다.

세상길이 참 어렵다

74세의 안정복이 제자뻘인 42세의 이기양에게 느닷없는 봉변을 당했다는 소문이 남인들 사이에 금세 쫙 퍼졌다. 이틀 뒤인 10월 12일, 씁쓸해진 안정복은 「행로난行路難」이란 시를 지었다. 긴 시라 일부만 보인다.

눈앞에 바른길이 평탄하게 열렸건만	目前正路坦蕩蕩
어이해 서로 끌어 굽은 길을 뚫고 가나.	胡乃相携曲徑穿
그 누가 곧은 마음 옛 도라 하였던고	誰言直諒是古道
아첨의 방편 됨을 이제야 알겠도다.	乃知諛佞爲方便
영장산의 늙은이가 애초에 분별없어	靈山老叟本疎狂
망령되이 바로잡아 충고를 하렸더니,	妄許忠告相規匡
도리어 내 성품이 너무 꼼꼼하다면서	反謂翁性太縝密
교묘히 화심 얽어 깊이 숨겨놓았다네.	巧織禍心深包藏

앞서 대화를 다시 시로 적은 것이었다. 당당한 정도를 버리고 굽어 도는 뒷길로 서로를 이끄는 현실을 통탄하고, 진심의 충고를 흉계로 내모는 후학에 대한 분노를 담았다. '행로난'은 세상

205

살아가는 길이 참 험난하다는 의미다.

안정복은 그것만으로는 분을 삭일 수가 없었다. 같은 날 다시 벽에다 스스로를 경계하는 「자경문自警文」을 따로 지어 붙이기까지 했다.

붉은 마음 화심으로 지목하다니	赤心目以禍心
내 어이 이를 하여 덕 바랐으리.	余忍爲此德報
도리어 원망으로 되갚음하니	反以怨報
그대 또한 어질지 못한 것일세.	君亦不仁
심판하심 하늘에 달려 있나니	審判有天
모름지기 그 누굴 허물하겠나.	不須他咎
하나하나 변명할 방법이 없어	分疏無地
다만 그저 혼자서 수양할밖에.	但當自修

정성스러운 붉은 마음[赤心]을 화심이라 하고, 덕을 베풀었는데 원망만 돌아왔다. 심판은 하늘이 한다. 굳이 더 변명하지 않겠다. 나는 다만 내 길을 닦겠다.

이기양은 안정복에게 어째서 이렇게 무례하게 대들었을까? 그의 아들 이총억이 1785년 3월 의금부에 적발된 명례방 모임에 참석했던 천주교 신자였고, 이총억은 권일신과 함께 형조판서를 찾아가 성상을 돌려달라고 했던 다섯 사람 중 한 명이기도 했다. 안정복의 공개적인 행보는 이기양의 집안을 일거에 위험에 빠뜨릴 덫이 될 수 있었다.

이기양의 강력한 항의로 안정복이 움츠러들면서 남인 내부에서 서학을 공격하는 분위기는 일단 진정되었다. 이후 천주학에 대한 세간의 관심은 차츰 시들해졌다. 이때 다산은 부친의 감시 아래 과거 시험 준비에 몰입하는 한편, 천주학 재건을 위한 암중모색에 돌입하였다.

입조심이란 세 글자를 써 붙여두고

이듬해인 1786년 윤7월 16일에 9개월가량 침묵하던 안정복이 채제공에게 다시 편지를 썼다. 안정복이 천주교를 배척하는 것을 보니 노익장이 따로 없더라고 했다는 채제공의 말과 임금이 안정복에게 내려준 불쇠헌不衰軒의 당호로 기문을 지었으니 사람을 보내 찾아가라 했다는 전언을 듣고 보낸 편지였다.

안정복의 어조는 한결같았다.

근래 우리 당의 젊은이로 평소에 재기가 있다고 자부하던 자들이 신학으로 많이 돌아, 참된 도리가 여기에 있다 하며 휩쓸리듯 좇고 있으니 어찌 한심하지 않겠습니까? 그 뒤집혀 빠져든 형상을 차마 볼 수가 없어서 대략 간곡하게 경계의 가르침을 폈더니, 붉은 마음에서 나온 것을 도리어 화심이라 말하며, 감히 끊을 수 없는 사이이지만 감히 끊겠다고 말하기에 이르렀으니, 용감하긴 하오만은 또한 하나의 변고인 셈입니다. 원래 우리 남인이 복이 박한데 한집끼리의 싸움이 이 지경에 이르렀으니 이처럼 당론이 횡행하는 때에 어찌 곁에서 틈을 타서 돌을 던지는 자가 없을 줄 알겠소이까? 그 형세가 반드시 망한 뒤에야 그칠 것입니다. 지금은 그저 내버려두고, 벼루 뚜껑에 '마두견磨兜堅' 즉 입조심이란 세 글자를 써서 스스로를 경계할 뿐이라오.

글 속에 단단히 맺힌 것이 있다. 편지 끝에 안정복은 채제공이 자신을 위해 지었다는 「불쇠헌기不衰軒記」 중에 천주교를 배척한 내용이 포함되어 있는지라, 젊은 층에게 공연한 시비를 당하게 될까 염려해 글을 보내지 못한다는 말이 들리는데, 우리 두 사람이 나서서 천주학을 물리치지 않으면 누가 그 일을 하겠느냐며 함께 공동의 보조를 취하자고 촉구했다.

이로 보아 이기양의 항의 방문의 여파가 상당했고, 남인 청년층에서 당시 안정복의 행동에 반감을 품은 이들이 적지 않았음을 짐작게 한다. 안정복은 이 일로 노망든 늙은이 취급을 받고 있었다.

한편 채제공이 지은 「불쇠헌기」 안에 안정복이 말한 천주학에 대한 비판 내용이 실제로 들어 있다. 그 대목은 다음과 같다.

얼마 뒤 공이 연소한 무리들의 구설에 크게 곤경을 치렀다는 말을 들었다. 떠들썩하니 노망이라고 했다는 것이다. 대개 서양의 이마두[마테오 리치]의 무리가 지은 책이 근자에 처음으로 우리나라로 흘러들었는데, 나이 젊고 배움에 뜻을 둔 사람들이 묵은 얘기에 싫증을 내며 신기한 것을 좋아해 휩쓸리듯 그 학문을 버리고 이것을 좇는다고 했다. 부모를 천주에 견주는 것쯤이야 도외시한다 해도, 임금은 딸린 일가붙이가 없어야만 세울 수 있다거나, 음양의 두 기운으로는 만물을 만들 수 없다는 얘기, 천당과 지옥이 틀림없이 진짜로 있다는 말, 태극도太極圖란 짝을 맞춰 한 얘기에 지나지 않는다고 하고, 천주가 참으로 예수를 내려보냈다고 하는 이야기 같은 것은 아득하고 허무맹랑해서 그 단서가 수도 없었다.

글 끝에는 안정복에 대한 이런 찬양도 들어 있었다.

공은 궁벽한 산속 깊은 밤에 남몰래 근심하고 길이 탄식하며 혈
혈단신으로 일어나, 막 움터 나오는 기세에 대해 엄히 말하여 이
를 배척하고, 혹 따뜻한 말로 일깨우기도 했다. 우리 유학의 도
를 지킬 수만 있다면 비난과 조롱도 걱정하지 않았고, 삿된 주장
을 막을 수만 있다면 환난과 해로움이 있어도 돌아보지 않았다.

채제공의 이 같은 말이 안정복에게 천군만마를 얻은 느낌을
주었을 테지만, 안정복은 채제공의 태도에 어딘가 석연치 않은
구석이 있다고 느꼈다. 채제공은 「불쇠헌기」를 써놓고도 안정복
에게는 보내지 않으면서 남인 젊은 층의 눈치를 보고 있었던 것
이다.

교회 재건과 10인의 신부

이벽을 애도한 박제가의 만사

─────────

1785년 7월, 이벽이 갑작스레 세상을 뜨자 두 사람이 추도시를 남겼다. 하나는 앞서 소개한 다산이고, 다른 한 사람은 뜻밖에도 박제가朴齊家다. 박제가는 1778년과 1790년, 1801년 등 네 차례에 걸쳐 사신행차를 수행했던 중국통이었다. 그는 『북학의北學議』를 지어 나라를 개방 모드로 바꿔야 함을 역설했다. 둘의 교분은 신분과 당색조차 달라 뜻밖이다. 이벽이 서학에 대한 관심을 매개로 박제가에게 먼저 접근했을 것이다.

박제가는 1788년 4월 유금柳琴이 세상을 떴을 때, 그를 포함해 평생에 가까웠던 네 사람의 죽음을 애도하는 「사도시四悼詩」
를 지었다. 그중 한 편이 「이덕조李德操」이다. 덕조는 이벽의 자字
이다. 이벽의 죽음을 가슴에 묻어두었다가 세 해를 묵힌 뒤에 썼
다. 안 알려진 자료여서 길지만 소개한다.

진인晉人은 명리를 숭상하여서	晉人尙名理
청담으로 그 시대 어지럽혔지.	清譚亂厥世
덕조는 천지 사방 논의했으나	德操議六合
어이 실제에서 벗어났으리.	何嘗離實際
필부로 시운時運에 관심을 두고	匹夫關時運
파옥破屋에서 경제에 뜻을 두었네.	破屋志經濟
가슴속에 기형璣衡을 크게 품으니	胸中大璣衡
사해에 그대 홀로 조예 깊었지.	四海一孤詣
사물마다 본성을 깨우쳐주고	物物喩性體
형상마다 비례를 밝히었다네.	形形明比例
몽매함이 진실로 열리지 않아	鴻荒諒未開
훌륭한 말 그 누가 알아들으랴.	名言孰相契
하늘 바람 앵무새에 불어오더니	天風吹鸚鵡
번드쳐 새장 나갈 계획 세웠지.	翻成出籠計

살던 곳에 남은 꿈 깨어나서는	蘧廬罷殘夢
푸른 산에 그 지혜를 묻고 말았네.	靑山葬靈慧
세월은 잠시도 쉬지 않으니	春秋不暫停
만물은 떠나가지 않음이 없네.	万化無非逝
긴 휘파람 기러기 전송하면서	高歗送飛鴻
천지간에 남몰래 눈물 흘리오.	乾坤暗雙涕

앞의 열 구는 이벽의 학문적 성취를 말했다. 진인의 청담은 세상의 명실을 혼란케 했지만, 이벽이 육합, 즉 동서남북상하의 천지 이치를 논했던 일은 실제에 바탕을 둔 실다운 공부였다. 그는 세상의 변화[時運]를 앞서 읽고 가슴속에는 서학의 큰 포부를 품었다. 특별히 사물마다 지닌 성체와 각 형상의 비례를 환하게 밝힌 것은 그가 거둔 가장 큰 성과다. 하지만 세상은 그의 말을 알아듣지 못해, 그의 깨달음에 화답하는 메아리가 없었다.

13구에서 천풍이 앵무새에게 불어와, 앵무새가 새장을 뛰쳐나갈 계획을 세웠다는 말이 의미심장하다. 이제껏 이벽은 새장에 갇힌 앵무새였다. 앵무새는 아름다운 자질을 갖추고도 말 흉내나 내며 귀한 대접을 받지만 자유가 없다. 그런 그가 천풍, 즉 하늘 바람을 쐬고 나서 자신이 누려온 새장 안의 기림을 다 내던지고 바깥으로 훨훨 날아갈 생각을 품게 되었다고 했다. 하지만 잔몽에서 깨어난 그는 그만 그 신령스러운 지혜[靈慧]를 청산 속에 묻고 말았다.

17구에서 20구까지의 네 구절은 이렇다. 세월은 흐르고 사람은 모두 죽는다. 저 하늘 어둠 속으로 날아간 큰기러기 같은 그대를 전송하며, 나는 남몰래 두 줄기 눈물을 흘린다. 시 속의 천풍은 말 그대로 천주학의 바람이었을 것인데, 워낙 예민한 시점이어서 박제가는 모호하게 뭉뚱그려 이벽의 갑작스럽고 안타까운 죽음을 애도했다. 시로 미루어 두 사람은 속내를 터놓고 대화를 나누던 사이로 보인다.

가성직제도와 10인의 신부

이벽의 급서急逝로 중심이 와해된 조선 천주교회가 다시 움직이기 시작한 것은 뜻밖에도 1786년 봄의 일이다. 1년이 지나는 사이 집안의 감시망이 느슨해졌고, 서학에 대한 반대 분위기도 가라앉았다. 이기양이 다짜고짜 안정복을 찾아가 일격을 가한 것도 효과가 있었다. 다산 형제도 권일신, 이승훈 등과 회동하여 교회 재건을 위한 정중동靜中動의 움직임을 개시했다.

다산이 천주교 활동에 한창 열을 올렸던 1785년과 1786년, 그리고 26세가 되던 1787년까지 3년간 『사암연보俟菴年譜』의 기사를 보면 성균관 유생으로 각종 시험에서 우수한 성적을 거두었다는 내용밖에 없다. 천주교 관련 사실은 입도 뻥끗하지 않았다. 연보 속 다산은 공부밖에 모르던, 연거푸 우수한 성적을 거둬 정조의 기대를 한 몸에 받던 모범적인 수험생일 뿐이었다. 추조 적발사건은 물론, 이벽의 죽음조차 한 줄도 기록하지 않았다.

1789년 말에 이승훈이 북경 천주당의 신부에게 보낸 편지에 다음과 같은 내용이 있다.

천주교 신자들은 서로가 서로에게 고해할 수 있는 방법에 대해 토의하려고 1786년 봄에 모임을 가졌습니다. 갑은 을에게, 을은 병에게 고해를 할 수 있지만, 갑과 을이 서로 혹은 을과 병이 서로 맞고해를 하는 일은 없도록 결정하였습니다. 천주교 신자들은 같은 해 가을에 다시 모임을 가졌습니다. 이 모임에서 그들은 미사를 집전하고 견진성사를 주는 일을 제가 맡아 하도록 결정하였습니다. 저는 그들의 권유를 받아들였을 뿐 아니라 다른 열 명에게도 미사를 드릴 수 있는 권한을 주었습니다.

신자들끼리 맞물려 돌아가며 고해성사를 행했다. 이승훈이 북경 천주당에서 본 대로 흉내를 낸 것인데, 나름의 규칙은 분명했다. 자신이 지은 죄를 누군가에게 고백하여 용서받는다? 이전에는 상상도 할 수 없을 일이 행해지고 있었다. 그럼에도 미사 전례와 성사 시행 이후 교인의 숫자는 하루가 다르게 늘어났다.

그들은 이승훈을 교회 책임자로 세워 이벽의 빈자리를 대신하게 했다. 이승훈은 미사 전례와 견진성사를 집전하였다. 1786년 가을에는 교세가 나날이 확장되면서 각 지역의 신자들을 관리하고 미사를 집전하는 역할을 담당할 열 명의 신부를 이승훈이 직접 임명했다. 로마가톨릭교회의 공인 없이 자기들끼리 임의로 신부를 임명하면서 교단을 출범시킨 것이다. 이를 교회사 용어로는 가성직제도假聖職制度라 하는데, 이때 가假는 '가짜'가 아닌 '임시'라는 뜻이다.

확실히 조선의 천주교회는 그 출범부터 유례가 없을 만큼 기이했다. 가톨릭 역사에서 선교사가 파송되기 전에 자신들끼리 교리책을 공부해 세례를 주고 신부를 임명해 미사까지 봉헌한 예는 단 한 번도 없었다. 중국 교구는 조선에서 막 태동한 이 서툴지만 열성이 넘치는 공동체를 경이에 차서 지켜보고 있었다.

다산은 신부였다

이승훈이 임명한 신부 10인의 명단은 달레의 『조선천주교회사』에 나온다.

권일신 프란치스코 하비에르가 주교로 지명되고, 이승훈 베드로, 이존창李存昌 루도비코 곤자가, 유항검柳恒儉 아우구스티노, 최창현崔昌顯 요한, 그 밖의 여러 사람이 신부로 선출되었다.

이들은 자신에게 맡겨진 지역에서 설교하고 세례를 주고, 견진성사를 행했다. 신자끼리 행하던 고백성사는 이후 사제가 전담하게 되었다. 미사를 집전하고 성체를 영하게 하는 등 신부로서 직임을 각 지역에서 개시하였다.

미사를 준비하는 신도들의 열성도 대단했다. 이들은 화려한 중국제 비단으로 미사 집례 때 신부가 입을 제의祭衣를 지어 입히고, 정성껏 미사에 임했다. 1786년 가을, 신부를 결정하던 모임에는 권일신, 이승훈, 정약용 형제가 참여했다. 임명한 신부가 10인이라 했는데, 확인된 명단은 권일신, 이승훈, 이존창, 유항검, 최창현 등 5인뿐이다. 별도의 기록에 홍낙민洪樂敏과 최 야고

보가 더 보인다. 나머지 확인되지 않은 3인은 누구일까? 적어도 이 중 두 사람은 확실히 알 수 있을 것 같다. 다산과 그의 형 정약전이다. 두 사람은 조선 교회의 출범 당시부터 핵심 중 핵심이었다.

두 사람의 이름이 어째서 빠졌을까? 다블뤼나 달레가 애초에 다산의 『조선복음전래사』에서 이 기록을 가져왔기 때문일 것이다. 다산은 이 부분을 기술하면서 자기 형제의 실명을 빼고 '그 밖의 여러 사람' 속에 숨어버렸다. 다산과 그의 형 정약전은 이승훈이 임명한 10인의 신부 속에 포함되었던 것이 틀림없다. 다산은 신부였다.

晉人尚名　理清譚亂厥世德操議六合何常離寶際匹
夫関時運破屋志經濟胸中大磯衡四海一孤詣物物
喻性體形形明比例鴻荒諒未聞名言孰相契天風吹
鸚鵡翻成出籠計遶廬罷殘夢青山幹靈慧春秋不暫
停万化無非逝高歌送飛鴻乾坤暗雙涕

李德操藁

박제가의 『정유각집貞蕤閣集』에 실린 이벽을 기리는 시. 시로 미루어 두 사람은 속내를 터놓고 대화를 나누던 사이로 보인다.

219

성균관 어귀의 교회 본부

다시 가동된 천주교 조직

1786년 봄부터 천주교 조직은 조금씩 다시 가동되었다. 이벽의 사망으로 천주교회는 구심점을 상실했다. 최고 이론가였던 이벽의 공백을 메우는 일이 시급했다. 신앙과 교리 전반에 대한 이승훈의 이해는 이벽만큼 투철하지 못했다. 이승훈이 공개적인 배교 선언까지 했던 것은 그에 대한 신뢰도를 떨어뜨렸다. 이후로도 이승훈은 위기 때마다 배교를 공언했다. 나중엔 처남 다산도 등을 돌려, 남매 사이마저 틀어지고 말았다. 이승훈은 북경의 서양 신부에게서 정식 절차를 밟아 세례를 받아 온 조선 유일의

입교자였다. 그를 배제한 교회는 상상하기 어려웠다.

반면 권일신은 양근 일대에서 대단한 위세로 교세를 확장해 가고 있었다. 멀리 충청도에서 이존창 같은 사람이 찾아와 머물며 공부를 했다. 전국에서 천주교 영재들이 모여들었다. 양근은 조선 천주교회의 온상이요 못자리였다. 달레가 『조선천주교회사』에서 10인의 신부 중 권일신이 주교였다고 한 것은 그의 실제적 영향력과 위상 때문이었을 것이다.

1786년 당시 다산은 과거 시험 준비에 힘쓰는 한편으로 자형 이승훈과 권일신 등이 주축이 된 천주교 재건에 드러나지 않게 힘을 보태고 있었다. 과거 공부에만 온전히 몰입할 수가 없었다. 그것이 번번이 낙방의 고배를 마시는 결과로 이어졌다.

1786년 2월 3일, 별시別試 초시에 합격하고, 사흘 뒤인 2월 6일의 복시覆試, 즉 2차 시험에서는 불합격했다. 당시 심경을 다산은 「감흥感興」 2수에 남겼다. 제목에 "이때 과거에 낙방했다時下第"라는 풀이가 달려 있다. 둘째 수만 읽는다.

세상살이 술 마시는 일과 같아서   涉世如飲酒

처음에는 따져가며 잔에 따른다.   始飲宜細斟

마신 뒤엔 문득 쉽게 술에 취하고   旣飲便易醉

취한 뒤엔 본디 마음 혼미해지네.	飫醉迷素心
정신 놓고 술 백 병을 들이켜면서	沈冥倒百壺
돼지처럼 씩씩대며 계속 마시지.	豕息常淫淫
산림에는 드넓은 거처가 많아	山林多曠居
지혜로운 이 진작에 찾아간다네.	智者能早尋
마음에만 품을 뿐 갈 수가 없어	長懷不能邁
하릴없이 남산 그늘 지키고 있네.	空守南山陰

처음엔 조금만 마셔야지 하고 잔 수를 세다가, 결국에는 에라 모르겠다며 죽기 살기로 마셔 인사불성이 되어야 끝난다. 세상 살이가 음주와 비슷하다고 했으니, 결국 쳇바퀴 같은 악순환을 끊으려면 과거 시험을 내던지고 하루라도 일찍 산림 속 거처를 찾아가는 수밖에 없다. 하지만 늘 마음에 품고만 있을 뿐 막상 실행에 옮길 용기가 없어 답답하다.

뜬 인생의 위로

이 시를 짓고 다산은 지금 남양주의 초천 고향 집으로 돌아와 버렸다. 이때 지은 「봄날 배로 초천에 돌아오며春日舟還苕川」란 시의 3, 4구에서 다산은 "자못 능히 경박한 세속 떠나니, 뜬 인생에 위로됨이 이미 족하다頗能離薄俗, 已足慰浮生"라고 노래했다. 신앙생활과 과거 시험 준비의 교착으로 어느 것도 제대로 할 수 없게 되자 차라리 과거를 포기하고 서울을 떠나 전원에 은거하고 싶은 마음을 담았다. 고향 집 근처 양근의 천주교회 확산 소식이 큰 자극이 되었을 것이다.

얼마 후 상경한 다산은 4월 중순께 가족과 함께 오래 머물 생각으로 초천에 내려갔다. 이때의 심경은 시문집에 수록된 「초천사시사苕川四時詞」 13수에 잘 담겨 있다. 고향 마을에서 자신이 꿈꾼 삶을 사계절 변화에 따라 세세하게 스케치했다. 그러던 중 5월 11일 동궁이 급작스레 서거했다. 다산은 그날로 서울로 올라왔다. 초천에서의 전원생활이 한 달 만에 끝이 났다.

낙방에 실의했다가 정체성을 회복하는 시간을 보내고 돌아온 다산은 5월과 6월에는 성균관 유생들과 함께 연명으로 세자의 의약을 담당하던 사람에게 책임을 물을 것을 청하는 상소를 올렸다. 6월 21일에는 같은 문제로 성균관 유생들의 권당捲堂, 즉 파업 시위까지 있었다.

이후 다산은 성균관 유생의 본분으로 돌아와 시험 준비에 다시 매진했다. 그 결과가 1786년 8월 6일, 창덕궁 춘당대春塘臺에서 열린 제술전강製述殿講에서 지차之次, 즉 2등 합격이었다. 대과 전시에 곧장 응시하려면 수석을 했어야 했다. 등수 하나 차이로 대과 응시의 기회가 다시 한 번 물 건너갔다.

정조가 다산을 위로했다.

"네가 지은 글은 숙종조 때 여러 사람의 문체와 아주 흡사하여 속됨에 떨어지지 않았으니 귀하다 할 만하다. 성취가 조금 늦어진다 하여 시속을 따를까 봐 염려스럽다. 다른 것을 표방해서는 안 된다."

정조는 다산에게 왜 이런 말을 했을까? 다산이 2등으로 전시에 곧장 오르지 못한 것이 애석했기 때문이다. 다산이 남인이고 채점관이 노론계였던 것이 1, 2등의 자리를 바꾸게 했던 듯하다. 임금의 속뜻은 이랬을 것이다. '나는 네 글이 1등이라고 생각한다. 문체도 훌륭하고 뜻도 좋다. 이번엔 아쉽게 되었지만, 시류에 맞춰 지금의 네 모습을 바꿔서는 안 된다. 지금 그대로 노력하거라.'

최선을 다한 결과가 좌절로 끝나자, 다산은 크게 갈등했다. 이것이 다산으로 하여금 천주교로 다시 빠져드는 계기가 되었다. 해도 안 된다. 이 의미 없는 일에 인생을 걸어야 하나? 그즈음에 이승훈의 주도로 10인의 사제가 임명되었고, 다산은 그 한 축을 맡아 다시 서학의 바다로 풍덩 뛰어들었다.

대범해진 행보

다블뤼 주교의 『조선순교자비망기』에 다음 기록이 있다.

> 서울에서도 규정에 따라 모임을 가졌다. 우리는 별명이 관천冠泉 인 최 요한이 신부들을 영접하여 신자들에게 성사를 줄 수 있도록 일부러 집 한 채를 세낸 것을 보았다. 그는 활동적이고 유능한 성격으로 신부들을 영접하고 모든 일을 처리하고 교우들을 적절하게 준비시켰고, 귀찮아하거나 피곤함을 마다하지 않고 밤낮으로 신부와 교우들에게 헌신하기에 바빴다.

최 요한은 당시 조선 교회의 평신도 총회장으로 불렸던 최창현이었다. 그는 이승훈이 임명한 10인의 신부 중 한 사람이었다. 하지만 달레가 『조선천주교회사』에서 한 기술을 보면, 그는 같은 신부라도 보좌신부 정도의 역할을 했던 것 같다. 그가 역관 집안 출신의 중인이었기에 엄연한 신분의 위계를 뛰어넘기 힘들었을 법하다. 최창현은 별도의 집 한 채를 세내어 성사와 집회 장소로 제공했다. 이곳은 명례방 집회 이후 서울 지역에 두 번째로 마련된 천주교 집회용 전용공간이었다. 행보가 점점 대범해지고 있었다.

그 집의 위치는 어디였을까? 유항검(1756-1801)으로 추정되는 사람이 1787년경 이승훈에게 보낸 편지가 로마교황청 포교성 고문서고에 남아 있다. 한문 원문은 없고 번역문에 표기된 발신자의 이름이 현천Hiuenchen이다. 항검의 중국음이 헝지안Hengjian인데 중국 지역음의 표기가 섞일 경우 비슷하게 들린다.

이 편지 중에 당시 서울 지역의 집회 공간으로 란퉁Lantong과 판커우Pankou란 두 지명이 나온다. 란퉁은 난정동蘭亭洞 또는 난동蘭洞으로 불리던 오늘날 회현동2가 어름에 있던 공간으로 보아 무리가 없다. 이곳은 다산이 이전에 살던 재산정사와 당시 거주하던 담재가 있던 동네이기도 하다. 남인들이 밀집해 살던 이 지역에 최창현은 집 한 채를 통째로 세내어 집회와 회의 공간으로 활용했다.

판커우는 반교泮橋 또는 반구泮口쯤으로 추정된다. 반교는 명륜동 어귀 성균관이 있던 반동泮洞으로 가려면 건너야 하는 다리

다. 반교는 중국음으로 판챠오Panqiao이고 반구는 판커우Pankou
다. 반동 어귀란 의미다. 이민보李敏輔의 『풍서집豐墅集』에 "화석
상전반구촌花石相傳泮口村"이라는 시구가 있다. 반구촌은 바로 반
교 어귀의 마을이란 뜻이다.

판커우가 반교 또는 반구를 지칭한 것이라면, 난동 외에 성균
관 어귀에 또 하나의 천주교 공간이 있었던 셈이다. 이곳은 이듬
해인 1787년 11월, 이승훈과 정약용 등이 성균관 유생 몇과 함께
천주교 서적을 놓고 강습하다가 이기경에게 들켜 물의를 빚었
던 장소, 중인 김석태金石太의 집임에 틀림없다.

이들은 대담하게도 성균관 턱밑에 아지트를 마련해두고, 포
교와 신앙 활동을 활발하게 전개하고 있었던 셈이다. 안정복의
앞선 우려는 이 같은 사정을 꿰뚫어 알고 있던 데서 나온 것이었
다. 란퉁과 판커우, 이 두 곳은 실로 당시 조선 천주교회의 헤드
쿼터였다. 이곳에서 교리서 보급과 의례 절차 등 교회의 모든 중
요한 결정이 내려졌다.

정미반회사건의 앞뒤

은거의 꿈과 구리개 시절

1786년은 셋째 형 정약종이 뒤늦게 입교하여 정약전, 정약종, 정약용 3형제가 모두 천주교 활동에 뛰어들었던 시기이기도 했다. 다산은 교계의 핵심 멤버였고 10인의 사제 가운데 한 사람으로 활동했다. 정약전도 마찬가지였는데, 『사암연보』와 「자찬묘지명」과 「선중씨묘지명」을 비롯해 두 사람 관련 어떤 기록에서도 이 시절 이야기는 자세히 들을 수가 없다. 훗날 1801년 당시 두 사람은 천주교를 명백하게 배교했음을 증명하여 백척간두에서 구사일생으로 살아났다. 이를 원천적으로 부정하는 언급은 남길 수도 남겨서도 안 되는 것이었다.

1786년 12월 22일, 정조가 남인의 영수 채제공을 서용하라는 명을 내리면서 정국에 미묘한 변화가 읽혔다. 임금은 탕평의 구상을 내비치며 채제공을 불러들였다. 노론 벽파의 일방통행을 더 이상 좌시하지 않겠다는 의사 표명이기도 했다. 해가 바뀌어 1787년이 되었다. 1월에는 강계도호부사로 나갔던 장인 홍화보가 서울로 호출되었다.

다산은 1월 26일과 3월 14일의 반제泮製에 합격했고, 3월 15일에는 주장을 펴는 전箋 부문에서 수석을, 교훈을 담는 잠箴 방면에서는 차석을 차지했다. 이때 다산은 거의 1인 2역인 상태였다. 시험 준비하랴 천주교 모임 주도하랴 바빴다. 운 좋게 뛰어난 성적을 거두었지만 마음이 불안했다. 과거 시험에 대한 회의가 자꾸 짙어졌다.

장인 홍화보가 이즈음 사위 다산에게 매산전買山錢을 내렸다. 생활의 근거로 삼을 만한 땅을 사서 경제적으로 자립하라는 뜻이었다. 이 일을 계기로 다산은 은거에 대한 꿈을 구체화하기 시작했다. 4월 15일, 큰형수의 제사에 참석하기 위해 초천에 내려간 길에 다산은 형 정약전과 함께 양평의 문암 쪽으로 땅을 보러 갔다. 문암은 벽계檗溪의 남쪽에 있었다. 그곳이 마음에 들었던지 다산은 산장과 그에 딸린 땅을 매입했다. 산장이래야 세 칸 초가집이었다.

4월 25일에 아버지 정재원이 사도시司䆃寺 주부主簿로 임명되더니, 바로 한성부 서윤庶尹으로 옮겼다. 채제공과 장인을 이어 남인들의 정계 진출에 속도가 붙고 있었다. 정재원은 5월에 소룡동小龍洞에 새 거처를 마련해 다산 내외를 불렀다. 다산은 「소룡동 집으로 옮기며就龍洞居」란 시의 주석에서, "5월에 아버님이 사도시 주부가 되어 다시 서울에 집을 샀는데 나의 뜻이 아니었다"라고 썼다. 자신은 문암으로 내려갈 생각이었는데 아버지 뜻을 따랐다는 의미다.

정재원에게는 은거를 꿈꾸는 아들을 곁에 붙들어둠으로써 대과 준비에 계속 매진케 하는 동시에, 여전히 천주교에 깊숙이 관여된 아들을 감시하려는 두 가지 목적이 있었을 것이다. 소룡동은 오늘날 종각에서 명동 쪽으로 가는 중간 을지로 입구 어귀에 있던 동네였다. 이곳의 나지막한 고개는 황토라 땅이 질었다. 멀리서 보면 구릿빛이 나서 동현銅峴, 즉 구리개라 불렸다.

이 시절 다산의 모순적 정황을 보여주는 일화가 하나 남아 있다. 이기경이 『벽위편』에 남긴 증언이다.

정약용이 구리개에 살 때 일이다. 이웃에 한 중인이 있었다. 아직 관례를 치르지 않은 아들을 가르쳐달라고 청했다. 성품이 자못 총기가 있고 지혜로워서 정약용이 그를 몹시 아꼈다. 근처에 산 지 한 달 만에 마침내 책 한 권을 가르쳤다. 하지만 아침과 저녁에 밥 먹으러 제집에 갈 때는 그 책을 가지고 가지 못하게 했다. 그 사람은 대궐 안의 여러 잡무를 맡아보는 액정서掖庭署의 아전이었다. 마침내 그 아들에게 틈을 타서 배우는 책을 가져오게 했더니, 사서邪書 즉 천주교 서적이었다. 그 책이 위로 임금의 귀에까지 이르렀기 때문에 정약용이 또한 오래도록 벼슬길에 들지 못하였다.

당시 다산은 과거 시험을 준비 중이었다. 그 와중에 이웃 중인의 자식에게 천주교 교리서를 가르치고 있었다. 정조는 다산이 천주학에 빠져 있다는 사실을 진작부터 잘 알고 있었다.

다산은 1787년 8월 21일 반제에 합격했고, 24일에는 중희당에 입시해 『병학통』을 상으로 받았다. 이때 정조가 자신을 무장으로 키울 뜻을 비추자 다산은 과거를 포기하고 은거할 결심을 더욱 굳혔다. 다산의 급제가 자꾸 늦어지자 정조는 장인인 홍화보와 나란히 그를 무반으로 키울 궁리까지 했던 모양이다.

깊어지는 고민

당시 다산은 몸과 마음이 따로 놀았다. 머릿속에는 온통 천주교 신앙 문제로 가득 차 있었다. 다산은 과거와 교회 일에서 도피하듯, 9월 초순에 가을걷이를 핑계로 문암산장으로 갔다가 근 한 달 만에 돌아왔다. 은거의 결심을 굳히자 준비가 필요했다. 11월 17일의 황감제黃柑製 특별 시험에는 답안조차 제출하지 않았고, 12월의 반제에서는 형편없이 낮은 등수를 받아 한 번 더 임금을 실망시켰다. 마음이 온통 콩밭에 가 있었다.

당시 이승훈은 처남인 다산 형제와 더불어 난동과 반교 두 곳에 아지트를 만들어놓고, 본격적인 천주교 교세 확장과 자체 스터디에 돌입했다. 교단 내부에서 가장 시급하게 생각한 일은 천주교 교리에 정통한 지도자 그룹의 양성이었다. 지도자급으로 성장할 가능성이 높은 성균관 유생들에게 천주교 신앙을 전파하는 일도 소홀할 수 없었다. 잇달아 이어진 모임은 소문이 안 날 수가 없었다.

이기경(1756-1819)은 다산의 절친한 벗이자 라이벌이었다. 둘은 시험을 볼 때마다 앞서거니 뒤서거니 했다. 서울역사박물관에 소장된 합격자 성적을 보면 이기경이 수석을 차지하고 다산은 4등을 받았다. 또 다산이 수석을 차지하고 이기경이 후순위로 밀린 성적표도 실물이 남아 있다.

이승훈과 다산은 이기경에게 전부터 서학 공부를 열심히 권해왔었다. 1784년 봄에 이기경은 다산에게서 이승훈이 구입해 온 서양 서적에 대해 들었다. 호기심이 동한 그가 책을 보자고 했고, 다산은 『천주실의』와 『성세추요盛世芻蕘』를 빌려주었다. 둘은 만나기만 하면 이 책에 대해 토론했다. 이기경은 서학서를 베껴 나름대로 정리한 별도의 노트를 가졌을 정도였다. 을사년 추조적발 이후 금령禁令이 내리면서 이 일을 멈췄다.

1787년 10월쯤, 이승훈과 다산 등이 천주학을 다시 숭상한다는 소문이 꼬리를 물었다. 이기경은 슬쩍 떠볼 생각으로 이승훈을 만났을 때, 서양 서적을 빌려달라고 했다.

이승훈이 말했다.

"믿어야지, 보기만 해서야 무슨 소용인가?"

"알아야 믿을 게 아닌가. 좀 빌려봄세."

며칠 뒤 이승훈은 필사한 『진도자증』 3책을 가지고 와서 하룻밤을 자고 갔다. 이기경과 정미반회사丁未泮會事에 얽힌 세세한 이야기는 『벽위편』에 실린 「초토신이기경상소草土臣李基慶上疏」에 자세하다.

선연이 악연으로

열흘쯤 뒤인 11월 초 이승훈과 다산 등이 반촌의 공부 모임에 이기경을 초대했다. 이기경이 수소문해보니 반촌 사는 중인 김석태의 집에 틀어박혀 성균관 식당에는 들르지도 않고 천주학책만 보고 있다는 풍문이 파다했다. 이기경은 예고 없이 불쑥 김석태의 집을 찾아갔다.

이승훈과 다산, 그리고 진사 강이원姜履元이 의관을 정제하고 마주 앉아 있었다. 방에 들어서는 이기경을 보더니 이들은 주섬주섬 책상 위의 책과 물건을 치웠다. 당황했던지 건네는 말에 두서가 없었다.

"자네들 무얼 하고 있던 겐가? 설마 서학책을 보고 있었던 것은 아닐 테지?"

다산이 이기경의 말허리를 잘랐다.

"무슨 소린가? 과거 시험 준비를 위해 변려문을 짓고 있었네."

"지은 글을 보여주게."

다산이 다시 당황했다.

"이제 막 시작한 참이라 보여줄 만한 게 없네."

"그래도 한번 보세."

마지못해 내놓은 몇 장의 종이쪽은 글이라 할 것도 없는 메모에 가까웠다.

"자네들 왜 이러나? 자네들 솜씨로 이게 말이 되는가? 제발 그만들 하시게. 소문이 밖에 쫙 퍼졌네그려. 대체 천주학이 무에 그리 좋은 게 있어서, 이렇게까지 한단 말인가?"

꿀 먹은 벙어리 몇이 그의 말을 들었다. 이기경이 안타까워 눈물을 흘리며 구슬려도 보고 윽박지르기도 하다가, 이들이 시치미를 떼고 종내 딴청을 부리자 마침내 화를 벌컥 내고 나갔다.

일은 여기서 멈추지 않았다. 이 일이 있고 며칠 뒤인 11월 17일에 제주에서 진상한 귤을 나눠주며 특별히 시험을 보는 황감제가 열렸다. 내걸린 제목은 '한나라 분유사粉楡社'에 관한 것이었다. 한고조漢高祖가 분유, 즉 느릅나무를 한나라 사직단의 신주목神主木으로 정하고 이곳에 봄 2월과 납월에 양과 돼지로 제사 지내게 한 고사를 가지고, 국가의 제사와 관련지어 써야 하는 글이었다.

이승훈은 문제를 받아 들더니 굳은 표정으로 입을 꽉 다물고 팔짱을 낀 채 답안지에 한 구절도 쓸 생각이 없었다.

이기경이 어째 그러느냐고 묻자, 돌아온 답이 자못 놀라웠다.

"천주학에서는 천주 외에 다른 신에게는 제사를 지내지 않네.

다른 신에게 제사를 지내지 않을 뿐 아니라, 이 같은 글을 짓는 것조차 큰 죄가 된다네."

이승훈은 끝내 한 글자도 안 쓴 채 과거장을 나왔다. 과거 시험 때마다 자신이 받은 등수와 채점관의 이름까지 꼼꼼하게 기록해둔 정약용의 연보에도 이날 황감제에 대한 언급은 단 한마디도 없다. 다산 또한 이날 이승훈과 마찬가지로 백지 답안지를 제출했던 것이다.

이승훈의 태도에 경악한 이기경은 그날 밤 이승훈과 함께 자면서 그러지 말라고 나무랐다. 이승훈은 생각을 바꿀 마음이 조금도 없었다. 다산이라도 타이르려고 이후 이기경은 두 차례나 따로 더 다산의 집을 찾아갔다. 다산은 그를 따돌리고 만나주지도 않았다.

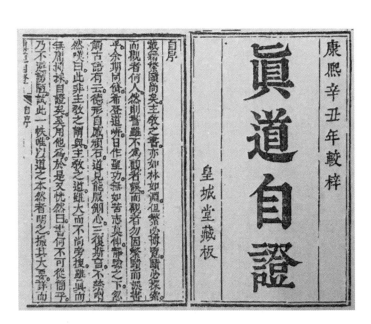

천주교 교리서 『진도자증』의 첫 면.

237

회유와 협박

말이 퍼지자 일이 커졌다

이기경은 반회泮會에서 자신의 지적 이후 이승훈과 다산 두 사람
이 보여준 태도에 크게 실망했다. 자리에 함께했던 진사 강이원
이 사람들에게 이승훈과 같이 읽은 서양 서적 이름과 천주학을
공부하는 절차에 대해 얘기하고 다녔다. 공부를 한 것이지 서학
을 믿은 것이 아니란 취지였을 것이다.

성균관 진사였던 홍낙안(洪樂安, 1752-?)이 강이원에게서 이 이
야기를 먼저 듣고, 이기경에게 사실관계를 따져 물었다. 이기경
이 당시의 정황을 얘기하며, 걱정스럽다는 뜻을 피력했다. 성균

관 내부에서 말이 점차 눈덩이처럼 불어나, 모이기만 하면 이 일로 수런거렸다.

이승훈과 다산 쪽도 가만있지 않았다. 이기경이 과거 시험장에서 라이벌인 자신들을 모함해 이름을 다투려 한다고 선제공격을 했다. 그 결과 이기경은 12월 초에 있었던 응제시應製試에 응시할 자격을 박탈당했다.

사태의 추이를 지켜보던 홍낙안은 1787년 12월에 이기경에게 편지를 썼다. 지난번 만나 얘기를 듣고 나서 마음속에 큰 근심이 자리 잡았다며, 결코 좌시할 수 없으니 함께 상소를 올려 이들을 징치하자고 주장했다. 『벽위편』과 『동린록東麟錄』 등에 수록된 홍낙안의 편지 한 대목은 이렇다.

저들의 소굴이 이미 이루어졌고, 사설邪說도 유행하고 있으니 드러내놓고 절실하게 타이르기만 해서는 아무 소용이 없소. 임금 앞에 나아가 들은 것을 한차례 아뢰지 않고는 비록 우리가 입술이 타고 혀가 마르도록 애써봐야 그저 한 번 헛수고에 지나지 않을 뿐일 것이오.

이기경은 입장이 난처했다. 무엇보다 한때 자신이 이들과 어

울려 천주교 서적을 본 전력이 있었던 것이 켕겼다. 다산은 「자찬묘지명」에서 "이기경 또한 서교 이야기를 즐겨 들었고, 손수 책 한 권을 베껴 썼다"라고 쓴 바 있다. 다산과 이승훈은 자신의 오랜 벗이었다. 벗의 등에 칼을 꽂는 일은 내키지 않았다. 막상 이들이 내놓고 문제 행동을 한 것도 없었다.

이기경은 홍낙안에게 보낸 답장에서 "다만 이들이 지금은 비록 스스로 귀굴鬼窟에 빠져들어 양심을 던져버렸지만, 평소 관계로 보면 모두 지극히 친밀한 사람들이다"라고 하며, 이들이 진심을 알아주기는커녕 도리어 의심을 일으켜 자신을 모함해 과거 응시 자격을 정지당하게 한 사실을 말하고, 내년 과거에도 일절 응시하지 않음으로써 저들에게 자신이 결코 다른 마음이 없음을 증명해보이겠다는 맥없는 답장을 보냈다. 공론화가 자신에게도 결코 이로울 수 없음을 이기경은 누구보다 잘 알고 있었다.

홍낙안이 다시 편지를 보내 이기경을 다그쳤지만 이기경은 더 이상 답장하지 않고 침묵 모드로 들어갔다. 일이 점점 번져가자, 사실 난감해진 것은 다산이었다. 그저 있자니 소문이 자꾸 커져가고, 행동을 취하자니 긁어 부스럼이 될 가능성이 높았다. 다산은 자신이 이기경을 따돌려 만나주지 않았던 초기 대응에 문제가 있었음을 인정하고, 이기경에게 달래고 회유하는 편지를 써서 보냈다. 이 편지는 『벽위편』에만 실려 있고, 정작 다산의 문집에는 빠지고 없다.

버리지도, 버릴 수도, 버려서도 안 된다

다산이 이기경에게 보낸 편지이다. 수록 전문을 읽는다.

근일 일은 차라리 잠들어 깨어나지 말았으면 싶군요. 첫 번째는 이 아우의 죄이고, 두 번째는 형의 잘못입니다. 제가 비밀스러운 약속을 지키지 않고 남을 잘못 믿어 일 처리를 그르쳤으니 제 죄를 알겠습니다. 형께서도 하루를 기다리지 않고 전혀 다른 의미로 남을 잘못 알았으니, 허물이 없다고 할 수가 없습니다. 이제 와서 형은 나를 버려서는 안 되고, 버릴 수도 없고, 감히 버리지도 못하리이다. 이 세 가지가 있고 보니, 내가 또 차마 말하지 않을 수 없군요. 선을 권면한다는 것은 형의 그럴싸한 명분이고, 허심탄회하게 받아들임은 저의 고상한 태도겠지요. 만약 물이 흘러가고 구름이 지나가고 나면 언덕 위에서 구경하던 자들은 틀림없이 '이 사람들이야말로 진정한 우정이다'라고들 할 겁

니다. 한번 형께서 쪼개어 둘로 만든 뒤로부터 패공沛公의 좌사
마左司馬가 하나뿐이 아닐 테니, 어찌 유감스럽지 않겠습니까?
다만 형에게 한마디만 부칩니다. 형께서 저를 입으로 끊고, 제가
형을 입으로 끊음은 '반회'란 두 글자에 지나지 않습니다. 만약
감동함을 입게 해주신다면 전날과 같이 즐거울 것이니 죽더라
도 눈을 감을 수 있을 것입니다.

돌려 말한 다산의 말뜻은 이렇다. '이번 일은 내 죄와 너의 잘
못이 반반이다. 내 죄는 너를 믿고 모임에 잘못 끌어들인 것이
고, 네 잘못은 남을 엉뚱하게 모함해 구석으로 내몬 것이다. 이
문제에 관한 한 너 또한 떳떳지 못하다. 너는 나를 버려서도 안
되고, 버릴 수도 없고, 감히 버리지도 못한다[不必棄, 亦不可棄, 亦不
敢棄]. 이 상태에서 서로 없던 일로 덮고 넘어갈 수는 없다. 네가
시작한 전쟁이니 네가 끝내라. 그리고 우리의 기억 속에서 반회
란 두 글자를 지워버리자. 네가 내 뜻을 따라준다면 예전의 우정
으로 돌아갈 것이고, 그렇지 않으면 죽어서도 눈을 감지 못할 것
이다.' 이른바 '삼불기론三不棄論'을 편 것인데, 말은 온건하게 했
지만 사실은 협박에 가까웠다. 이 편지는 앞뒤가 잘린 발췌다.
　젊은 날의 다산은 혈기가 넘쳤고, 단도직입적이었다. 돌려 말

하지 않고 구차하지 않았다. 그는 당시 또래 그룹의 리더였고, 행동 대장이었다. 직선적이고 떳떳한 다산의 성격과 행동은 훗날 다산을 위기로 몰아넣기도 하고, 위기에서 건져내기도 했다.

이기경의 미온적 태도에 실망한 홍낙안은 그저 물러서지 않았다. 칼을 확실하게 뽑아야 할 시점으로 판단했다. 해가 바뀌어 1788년 인일人日, 즉 1월 7일에 인일제가 열렸다. 홍낙안은 답안으로 제출한 대책문對策文에서 '서양에서 흘러든 일종의 사설이 점차 타오르는 형세에 있음'을 들어 실명만 거론하지 않았을 뿐 정약용과 이승훈에게 직격탄을 날렸다. '유명묵행지배儒名墨行之輩' 즉 겉으로는 유학을 하는 체하면서 실제 행실은 양주楊朱와 묵적墨翟 같은 이단을 행하는 무리들을 정조준해서 나라의 장래가 이들을 어떻게 처리하느냐에 달려 있다고 목청을 한껏 높였다. 그리고 을사년 봄과 1787년 여름의 사건에서 이미 그 단서가 드러났다고 했다.

을사년 봄 사건은 명례방 추조적발사건인데, 1787년 여름의 사건은 그 내용이 궁금하다. 다산이 1787년 4월 15일에 부친과 가족을 데리고 고향으로 내려갈 때 쓴 시 「파당행巴塘行」에 묘한 대목이 있다.

이때 부친을 모시고 초천으로 가다가 밤에 당정촌唐汀村에서 묵어 잤다. 이때 와언訛言이 크게 일어나 시골 마을이 소란스러웠다.

또 그 시 중에 "적병 온단 말만 하고 적병은 보이지 않아, 정한 방향 없이 가니 바람 맞은 나비일세但道兵來兵不見, 去無定向如風蝶"라 한 내용이 있다. 반란이 일어나 역도들이 군대를 이끌고 서울로 진격한다는 풍문이 파다하게 퍼져서, 관청에서 군대를 점호하고 법석을 떨자 온 마을이 극심한 혼란 속으로 빠져드는 광경을 묘사했다.

이 사건은 앞서 「무장으로 키울 생각」에 잠시 소개한 제천의 김동철이 『정감록』 신앙을 유포하다 복주伏誅된 사건을 가리킨다. 을사추조적발사건과 김동철 『정감록』 역모 사건을 나란히 둔 것으로 보아, 『정감록』 신앙이 서학과의 연장선상에서 위천주偽天主, 즉 재림 예수의 코드로 인식된 정황을 엿볼 수 있다. 이에 대해서는 뒤에 따로 한번 살피겠다.

홍낙안의 직격탄으로 다산의 1785년 봄 을사추조적발사건과 1787년 여름의 김동철 모반 사건, 그리고 겨울의 정미반회사가 공론의 수면 위로 다시 한 번 떠올랐다.

무거운 은혜

다산은 홍낙안과 함께 이 인일제에 응시했다. 근신하거나 움츠러들지 않았다. 그리고 그 결과도 놀라웠다. 인일제에서 다산은 지차, 즉 2등으로 당당히 합격한 것이다. 『조선왕조실록』 1788년 1월 7일자 기사에 그 사실이 나온다. 같은 날 홍낙안이 다산을 처벌하라는 답안을 공개적으로 작성했고, 임금은 그 글을 읽은 상태에서 다산의 답안지를 높은 등수로 올렸다. 개의치 않는다는 확실한 의사표시였다. 홍낙안은 이 결과를 어떻게 받아들였을까?

다산은 「인일 희정당에서 임금을 뵙고 물러 나와 짓다人日熙政堂上謁, 退而有作」란 시에서 "부족한 나 무거운 은혜를 입어, 머물게 해 돌아보심 내리셨다네疎逖承恩重, 淹留賜顧頻"라고 썼다. 제목 옆에 "이때는 대책 때문이었다時因對策"라고 썼다. 자신이 쓴 대책의 답안지를 보고 임금이 특별히 불러서 칭찬했다는 의미다.

임금은 이 자리에서 다산에게 이렇게 물었다.

"그간 지은 책문이 몇 편이냐?"

"20편입니다."

더 분발하라는 무언의 암시였다.

다산이 다시 큰 물의를 일으킨 직후, 정작 문제를 제기한 이기경은 제풀에 위축되어 과거를 포기했고, 다산은 홍낙안이 자신을 저격하리라는 사실을 알면서도 당당히 그 자리에 나아가 답안을 제출했다. 임금은 다산에게 높은 등수를 허락해 다산에게 칼끝을 겨눈 홍낙안의 대책문을 머쓱하게 만들었다. 다산은 임금의 이 같은 태도를 서학에 대한 암묵적 용인으로 받아들이지는 않았을까?

進士丁若鏞與李進士基慶書

近日事尚寐無耽一則第罪二則兄過第之不適客我錯信人
誤蒙事知罪知罪兄之不竢終日錯認人遷庭義理不能無過
今則兄校弟不必棄亦不可棄亦不敢棄有此三者則弟又不
忍不言責善兄之美名虛受弟之高致若使水流雲空則崖上
孝觀其必曰斯董也真箇友道一自兄劈而兩之之後沛公之
左司馬不一而足寧不恨恨但有一言聊以寄兄口絕丁弟
口絕李不過泮會二字若蒙感動懽如疇昔死可瞑目
此書大意盖咎李之宣露泮會事而既無直截自明之語又
無惻惻悔悟之意只自圖圖閃忽不堪正視與丁巳疏意一
奪觀者自可覰破

이기경의 후손 이만채李晚采가 엮어 펴낸 절략본節略本『벽위편』
에 수록된 다산이 이기경에게 보낸 편지 전문.

5장

남인과 천주교

서학이라는 무지개

서로 다른 꿈

여기서 잠깐 눈길을 돌려야겠다. 조선의 천주교는 남인을 빼고 생각할 수가 없다. 종교와 정치는 접점이 예민하다. 불꽃이 튄다. 이 접점으로 인해 문제가 안 될 일이 큰 문제로 되고, 정작 문제가 될 일은 아무렇지 않게 넘어가기도 한다. 천주학은 남인 집단 내부에서 발생하고 성장했다. 노론에서 나왔다면 그저 넘어갔을 일이, 견제와 배제의 대상인 남인 집단에서 터져 나오고, 여기에 진영 내부의 복잡한 사정이 겹치면서 천주교 문제는 차츰 뜨거운 감자로 변했다.

숙종 이후 조선은 노론의 나라였다. 노론은 세자를 죽음으로 내몰고, 임금도 바꿀 수 있는 절대 권력이었다. 1776년 3월 정조가 보위에 올랐다. 한 달이 채 못 되어 아버지 사도세자의 복권과 죽음의 책임을 묻자는 이덕사李德師와 박상로朴相老의 상소가 올라왔다. 정조는 그들을 그날로 대역부도의 죄를 물어 목 베어 죽였다. 참혹하게 죽은 아버지의 명예를 회복하고, 원수를 갚자는 상소를 극형으로 처벌하는 아들의 심정이 어땠을까? 노론 벽파의 서슬은 새 임금 앞에서도 퍼렜다.

젊은 임금은 힘을 갖출 때까지 입을 다물었다. 겉 다르고 속 다른 행보가 시작되었다. 그 행간을 너무 일찍 읽히면 속내를 들킬까 봐, 임금은 속으로 울면서 그들의 목을 벴다. 자신의 뜻을 뒷받침해줄 정치 세력의 양성이 시급했다. 노론 벽파의 가장 큰 희생양은 남인이었다. 이들은 숙종 이래 100년 가깝게 존재감 없는 야당이었다. 남인 한 사람을 조정에 올리자면 수많은 견제와 방해가 뒤따랐다. 한 사람의 이름이 오를 때마다 경계의 눈초리가 살벌했다. 작은 흠만 나오면 벌 떼처럼 달려들어 내쳤다. 이 때문에 남인을 정치 세력으로 키우는 일은 속도가 너무 더뎠다. 여기에 천주교 문제가 포개지자 임금의 구상은 한층 더 꼬이기 시작했다.

너무 오래 지속된 좌절의 터널 속에서 재기의 꿈을 접을 수밖에 없었던 남인들은 다른 룰이 적용되는 새로운 세상을 꿈꿨다. 그런데 그 꿈이 저마다 달랐다. 일군의 남인 학자들은 유학의 원점으로 되돌아가 고대적 이상을 회복할 때 요순의 세상이 다시 열릴 것으로 믿었다.

그들은 유학의 고전들을 새롭게 소환했다. 그 선두에 성호 이익이 있었다. 그는 주자를 넘어 공맹의 원천 사유를 들여다보아야 한다고 외쳤다. 『성호사설』과 유명한 『질서』 시리즈로 실천적 모범을 보여주었다. 그의 제자와 후학은 경학 공부에 더해 토지제도를 연구하고, 행정제도를 쇄신하여 국가를 혁신하자고 목청을 높였다. 하지만 그들의 목소리는 95퍼센트를 차지한 상위 5퍼센트의 귀에는 가 닿지도 않았다.

다른 한편에서는 서학의 적극적 도입을 외쳤다. 연행燕行길에 직접 목격한 중국의 변화는 눈부셨다. 북경의 쇼핑가였던 유리창琉璃廠 거리에는 자명종뿐 아니라 오르골까지 팔고 있었다. 태엽만 돌리면 음악이 나왔다. 북경 성당에서 들은 파이프오르간 연주는 천상의 음악 같았다. 북경 관상감의 천문대에서 각종 천문 관측기구를 보고 나자, 대나무 살을 얽어 만든 조잡한 혼천의渾天儀를 들고서 최첨단 지성임을 과시하던 이들은 대번에 말문이 꽉 막혔다.

이들은 귀국 후 국시였던 북벌北伐을 버리고 북학北學을 해야 한다고 입을 모았다. 상대적으로 사행使行 참여의 기회가 많았던 노론 자제들의 입에서 이 목소리가 먼저 터져 나왔다. 이것이 당시의 국가보안법을 살짝 건드렸다. 이들은 선진 과학 문물을 적극 받아들여 막힌 혈관을 뚫고, 국가 시스템을 근본적으로 바꿔야 한다고 생각했다. 서학서를 더 열심히 읽어 천문과 역학의 놀라운 세계를 섭렵해나갔다. 신기한 서양 기기奇器를 도입하는 선진화를 꿈꿨다. 그런데 막상 천주교 신앙은 북학을 외친 노론의 신진기예에게서가 아니라 뜻밖에 남인의 그늘로 여진餘震처럼 슬며시 스며들었다.

이후 서학에 대한 상이한 접근 태도는 남인 내부에서 안정복으로 대변되는 공서파와 권철신 일계의 신서파로 갈려 분화를 재촉했다. 병증에 대한 처방과 진단이 달랐던 것이다. 뒤에 살피겠지만 여기에 더해 채당蔡黨이니 홍당洪黨이니 하는 남인 내부의 정쟁이 포개지면서 갈등이 증폭되었다.

이게 나라냐?

민중에게는 당장 입에 들어갈 먹거리가 문제였다. 제힘으로 어쩔 수 없자 바다 밖에서 배를 타고 진인이 나타나 새로운 세상을 활짝 열어주리라는 『정감록』 신앙이 민간에 횡행했다. 이전부터 익숙한 미륵하생彌勒下生 신화의 변주였다.

가렴주구를 못 견뎌 전란에도 아무 해를 입지 않는다는 십승지十勝地에 대한 풍문이 걷잡을 수 없이 퍼졌다. 남부여대男負女戴, 가산을 등에 지고 머리에 인 채 심산궁곡深山窮谷으로 떠나는 행렬이 줄을 이었다. 그들이 꿈꾼 도화낙원은 어딘가 분명히 있겠지만 결코 가 닿을 수 없는 무릉도원 같은 곳이었다. 상주의 식장산食藏山과 속리산의 우복동牛腹洞, 지리산의 청학동青鶴洞과 강릉의 이화동梨花洞 같은 별세계의 소문이 꼬리를 물었다. 그곳으로 가는 경로와 위치를 표시한 지도가 민간에 떠돌아다녔다.

그 빈틈을 비집고 유사종교가 파고들었다. 절망에 빠진 민중에게 의식주 문제가 해결되는 유토피아의 환상을 심었다. 머지 않아 새 세상이 열린다. 그 꿈을 행동으로 옮기면 역모가 되었다. 1782년(정조 6)의 문인방 역모 사건, 1785년(정조 9)의 문양해 역모 사건, 1787년(정조 11)의 김동철 역모 사건이 그랬다. 공통점은 모두 『정감록』 신앙을 배경에 깔고 있다는 것이었다. 민심이 흉흉했다.

이 서로 다른 꿈이 만나는 꼭짓점에 천주교가 있다. 도는 존재하는가? 세상은 나아지고 있는가? 희망이 있는가? 주리와 주기로 한 100년쯤 싸우고, 3년 복을 입느냐 1년 복을 입느냐로 몇십 년 다투는 사이에 수많은 목숨이 스러지고 정권의 향배가 갈렸다. 그러고 나서는 인성과 물성이 같으냐 다르냐로 또 한 100년을 싸웠다. 소중화주의小中華主義와 대명 의리의 유령이 그 배후에 있었다.

그게 그렇듯 시급하고 중요한 문제인가? 그들이 말하는 도와 리는 백성들의 삶과는 아무 상관이 없었다. 실록에는 굶주린 백성이 자식을 바꿔 잡아먹었다는 기사가 실리고 있었다. 가뭄 끝에 홍수 나고, 홍수 뒤에 전염병이 돌았다. 추수할 것도 없는 빈들판 너머에서 극강의 한파가 몰아닥쳤다. 그 와중에도 위정자들은 황구첨정黃口簽丁과 백골징포白骨徵布의 수탈에만 혈안이 되어 있었다. 백성의 안위는 안중에도 없었다. 이게 나라냐?

천주교는 어딘가 달랐다. 미륵이 하생하고 진인이 건너온다는 추상적이고 불안한 풍문보다 간결했다. 요승妖僧이나 도사의 술법과 비기나 술서術書, 부적과 주문 같은 추상성이 없고 투

명했다. 『칠극』과 『진도자증』 같은 교리서는 중국에서 이미 공인된 검증을 거쳐 출판한 책이었다. 무엇보다 그 내용이 허무맹랑하지 않았고, 게다가 도덕적이었다. 『칠극』 같은 책은 유학자들이 수신서로 읽어도 손색이 없었다. 그들이 꿈꾸던 새로운 세상이 그 안에 담겨 있었다. 게다가 그 배경에는 놀라운 선진 과학 문명의 아우라가 비쳤다. 우리도 믿으면 그들처럼 될 수 있다. 새로운 세상, 차별과 억압이 없고 폭력과 압제가 사라져 힘 있는 평화의 세상이 열린다.

비참한 인생에 비쳐 든 무지개

천주교는 양반과 상놈의 구분, 남자와 여자의 차별을 먼저 허물었다. 갑과 을의 상하 관계가 어느 순간 수평적 관계로 변했다. 그들은 초대 교회의 교인들처럼 자기 것을 아낌없이 덜어 조건 없이 나눴다. 기도를 하면 이유 모를 눈물이 흘렀고, 비참하던 인생에 무지개 희망이 걸렸다. 고해성사를 할 때마다 영육이 온전히 정화되는 신비한 체험을 했다.

양반가 아낙네들이 외간 남성인 가성직 신부들에게 자신이 지은 죄를 고해할 수 있게 해달라고 애원했다. 난감해진 신부들은 어떻게든 이 고역에서 벗어나 보려고 했지만 그녀들의 성화를 당해낼 방법이 없었다. 그녀들은 자신이 지은 죄를 울면서 고해했다. 신부는 그녀들에게 작은 죄는 보속補贖 대신 불쌍한 이들에게 재물을 희사하게 했다. 큰 죄는 신부에게 종아리를 맞았다. 그녀들이 고백한 죄는 어떤 내용이었을까? 슬며시 궁금해진다. 모두 달레의 『조선천주교회사』에 나오는 이야기다. 남녀 구별이 유난스럽던 당시 조선 사회의 시선에서 보면 해괴하기 짝이 없는 변고였다.

현세에서 겪는 육체의 고통쯤이야 천국에서 장차 누리게 될 기쁨을 생각하면 아무것도 아니었다. 복음을 실천하면 천국에 보화가 쌓인다고 했다. 천국에 먼저 든 라자로의 이야기는 더없는 위로였다. 시어머니의 학대가 더 이상 고통스럽지 않았다. 오히려 연민의 정으로 더욱 정성을 쏟았다. 문득 변한 며느리의 태도에 감동해 그 시어머니가 시누이를 이끌고 입교했다. 한 집안이, 온 마을이 천주교 신자로 변하는 것은 잠깐이었다. 그러고 나면 모든 관계가 한순간에 변했다.

그들은 뜻도 잘 모른 채 한문으로 된 경문을 또박또박 외웠다. 묵주기도를 바치고 있으면 어떤 힘든 일 속에서도 기쁨이 차고 넘쳤다. 현실의 삶은 아무 달라진 것이 없었어도 그들은 거기에서 꿈을 보고 희망을 느꼈다. 고여 썩어가던 물이 생명수로 변했다. 이런 종류의 커뮤니티는 이제껏 단 한 번도 경험해보지 못한 놀라운 것이었다.

남인의 분화, 채당과 홍당

권력 앞의 줄서기와 의도적 도발

정조는 아버지 사도세자를 죽음으로 몰고 간 노론 벽파에게 복수를 꿈꿨지만 이를 뒷받침해줄 대안 세력이 없었다. 남인에게 그 기대가 쏠렸다. 그중에서도 채제공(1720-1799)은 영조가 정조에게 "나에게는 순신純臣이요 너에게는 충신忠臣"이란 평가를 남겼던 인물이다. 정조는 처음부터 노론 벽파를 견제하는 대안 세력의 수장으로 채제공을 염두에 두고 있었다.

정조 즉위 초반 정국에서 무소불위의 권력을 휘두르던 홍국영이 1780년에 실각했다. 영의정 서명선徐命善이 눈치 빠르게 채제공을 홍국영의 두둔 세력으로 몰아 직격했다. 여기에 사도세자 추존 문제와 역모 세력의 배후설을 보태 채제공을 연신 벼랑 끝으로 내몰았다. 1780년 대사간 조시위趙時偉의 상소를 신호탄으로 채제공에 대한 집요한 공격이 시작되었다. 그를 죽여야만 끝날 기세였다.

노론 벽파의 칼끝이 연일 채제공을 겨누자, 그는 도성 밖에 나가 살며 숨을 죽였다. 채제공은 이제 끝났다는 소문이 쫙 퍼졌다. 목숨을 거둬가는 것은 시간문제였다. 권력의 속성은 무섭다. 큰 권력이 흔들리면 새 줄서기가 시작된다. 잡고 있는 줄이 썩은 동아줄로 판명난 뒤면 너무 늦다. 문제는 썩은 동아줄인 줄 알았는데 그게 아닐 때 일어난다. 뒷감당을 할 수 없는 데다 배신자 낙인까지 찍힌다. 옛날이나 지금이나 숱한 정객들이 단 한 번 판단의 결과로 아예 사라지거나 화려하게 부활했다.

채제공 중심으로 결속되었던 남인 세력에 동요와 균열이 왔다. 줄을 잘못 서면 자신들의 미래가 사라질 판이었다. 등골에 진땀이 흘렀다. 눈치 보기가 시작되었다. 채제공에게 긴요한 일로 편지를 쓰면서도 뒤탈이 무서워 편지 끝에 자기 이름을 적지 않았다. 채제공은 그런 편지를 받을 때마다 "어찌 그리 겁들을 내는가?" 하며 분노했다.

남인 이재기(1759-1818)가 쓴 『눌암기략』은 이 같은 줄서기의 현장을 생생하게 중계한 책이다. 『눌암기략』은 1783년에 일어난 한 사건으로 시작된다. 전라도 나주에 미강서원眉江書院이 있었다. 지금의 미천서원眉泉書院이다. 건물이 낡아 곧 허물어질 지경이었다. 그곳 유림들이 서원 원장을 여러 차례 지낸 채제공을 찾아와 재건축을 위한 경비 지원을 호소했다. 채제공은 당시 노론의 집중포화에 목숨이 경각에 달린 상황이라 나설 처지가 못되었다.

"강원도관찰사 채홍리蔡弘履를 찾아가 내 부탁이라 하고 청해 보게."

채홍리는 채제공의 집안 조카였으나 의리로 치면 부자간이나 같았다. 유생들이 채제공의 편지를 받아 들고 한걸음에 원주로 달려갔다. 웬걸 이들은 감영 안으로 한 발짝도 넣지 못했다. 채제공의 편지를 가져왔다는데도 답이 없었다. 이들은 원주의 여관방에서 여러 달을 하염없이 관찰사의 하회下回만 기다리다 아무 성과 없이 나주로 돌아갔다.

소문이 금세 퍼지자 남인 내부가 동요했다.

"있을 수 없는 일이다. 의도적 도발이다."

실제로 그랬다. 조카 채홍리는 집안으로나 정치적으로나 아버지와 다름없는 채제공을 먼저 도발했다. 다시 안 볼 작정이 아니고는 이럴 수가 없었다.

대채와 소채, 두 과부의 싸움

이 일이 있기 세 해 전인 1780년의 일이다. 노론의 공격이 시작되자 채제공은 도성을 떠나면서 채홍리에게 남아 동정을 살피라고 했다. 하루는 채제공이 채홍리에게 연통을 넣어 동대문 밖 촌가에서 만나자고 했다. 허름한 차림으로 채제공이 도착했다.

"사람들이 일제히 나를 죽이려 드니, 내가 죽게 될 모양이다. 네가 정민시(鄭民始, 1745-1800)를 찾아가 나를 위해 말을 해다오."

말투가 비장했다. 이튿날 아침 일찍 채홍리가 정민시를 찾아갔다. 아이를 안고 있었다.

"이 아이가 누구요?"

"내 늦둥이라오."

채홍리가 한숨을 쉬며 말했다.

"그대나 나나 이미 늙었소. 그대는 이 아들이라도 있지만 나는 그마저도 없소. 이 아이를 위해 음덕이나 쌓아두시구려."

"무슨 말씀이시오?"

"내 아저씨가 죄 없이 죽게 생겼소. 그저 보기만 할 참이오?"

정민시가 안색을 바꿨다.

"여론이 지금 저 지경이니, 난들 어떡하겠소?"

"그대가 건져주지 않으면 내 아저씨는 죽을 것이오. 보답을 바라지 못할 곳에 은혜를 심어두는 것이 음덕이 아니겠소? 이 아이를 위해 복을 쌓는 셈 치고 부디 애써주시오."

며칠 뒤 재상들의 연명 상소가 나왔을 때, 정민시만 자신의 이름을 적지 않았다.

하지만 이후 채홍리는 채제공에 대한 공격이 날로 가팔라지는 것을 보고, 채제공을 떠나 오히려 노론 쪽으로 붙었다. 이 와중에 미강서원 사건이 터졌다.

먼저 청파靑坡의 도곡桃谷 즉 복사골 남인들이 채홍리와의 절교를 선언하는 통문을 돌렸다. 반응은 뜻밖에 시원치 않았다. 남인의 원로 목만중(睦萬中, 1727-1810)은 채제공과 각별한 사이였는데도, 통문을 돌린 복사골 남인들을 격하게 나무라며 통문을 갈기갈기 찢었다. 이 일 이후 남인은 여전히 채제공을 따르는 대채大蔡와 채홍리를 편드는 소채小蔡로 갈렸다. 대채를 공개적으로 표방한 이는 다섯 손가락을 꼽기도 어려웠다.

다산은 「정헌묘지명」에서 "당시 채제공이 노론에게 쫓겨나 도성 밖에 살았다. 채홍리와 목만중 등이 모두 채제공을 배반하였고, 지조가 굳세지 못한 자들은 쥐새끼 모양으로 양쪽을 오가는 자가 많았다"라고 썼다. 힘의 균형이 무너지자, 다투어 줄을 바꿔 섰다.

이재기는 『눌암기략』에서 "우리 남인들이 100년간 연좌되어 벼슬에서 쫓겨나, 실로 형세나 이익을 다툴 만한 것이 하나도 없다. 하루아침에 한방에서 창을 잡는 변고가 있게 되니, 아! 또한 몹시 불행한 일이다"라고 말했다.

서인도 노론과 소론으로 나뉘어 싸우지 않느냐고 누가 말하자, 그가 대답했다.

"서인이 죽도록 싸우는 것은 나아가고 물러나는 즈음에 이익과 손해가 생기기 때문이다. 우리 남인의 경우는 두 과부가 싸우는 것이나 다를 바 없으니 어찌 우습지 않은가?"

채당과 홍당의 전쟁과 80년 만의 남인 재상

정작 당사자인 채제공은 재앙의 기색이 하늘을 덮었는데도 위축된 기미가 없었다. 기상이 대단했다. 평소의 수양이 없이는 안 될 일이었다. 그는 문제 앞에서 구차스럽지 않았다. 곧장 직진했다. 하지만 대부분의 남인들마저 채제공에게 등을 돌린 형국이었다. 오직 광암 이벽의 동생 이석(李晳, 1759-1819)이 장용영壯勇營 무관으로 있으면서 자주 채제공을 찾아가서 임금이 그를 그리워한다는 밀지를 전하곤 했다. 의연함의 바탕에 믿는 구석도 있었던 셈이다.

채홍리는 같은 남인인 홍수보洪秀輔, 홍인호 부자와 손을 잡고 반채反蔡 연대를 확대시켰다. 대채와 소채의 분열이 이후 채당과 홍당의 대립 구도로 고착되었다. 남인 내부의 갈등은 골이 이미 깊이 팼다.

다산은 이 소란의 정중앙에 애매하게 끼어 있었다. 다산의 아버지 정재원은 채제공에게 의리를 지킨 몇 안 되는 사람 중 하나였다. 다산이 남긴 「선부군유사先府君遺事」에 그 내용이 보인다. 홍수보는 족보상으로는 아내 홍씨의 오촌 당숙이었고, 홍인호는 육촌 처남이었다. 하지만 홍수보와 장인 홍화보는 사실 친형제간이었다. 후에 홍수보가 다른 집안에 양자로 들어가는 바람에 촌수가 벌어진 것일 뿐이다. 다산의 혼인 당일 꼬마 신랑이라고 놀렸다가 경박한 소년이란 대구로 혼쭐이 났던 홍인호는 실제로는 아내 홍씨의 사촌 오빠였다. 그는 당시 임금의 최측근인 승지로 있으면서 수험생 시절의 다산에게 임금의 각별한 관심을 전해주던 메신저이기도 했다.

다산은 채당이었다. 둘이 갈렸을 때 다산은 처삼촌과 사촌 처남 편에 서지 않았다. 이 어정쩡한 위치가 두고두고 다산에게 뒤탈이 되었다. 부부의 금슬도 이로 인해 적지 않게 금이 갔던 듯하다. 결혼식 날 한 방씩 주고받았던 장난꾸러기 처남 매부 사이는 점차 틈이 벌어져 나중에는 원수처럼 변했다.

궂은 세월이 그렇게 지나갔다. 백척간두에 서서 목숨이 경각에 달리기도 했다. 1786년 12월, 정조는 채제공을 서용하라는 명을 내렸다. 1788년 2월에는 재상들의 빗발치는 반대를 무릅쓰고 채제공을 우의정에 앉혔다. 80년 만에 남인이 재상의 반열에 오르게 된 것이다. 조정의 반발이 예상 밖으로 거셌다. 정조는 그들이 내세우는 채제공의 죄안을 하나하나 직접 해명하면서, 앞으로 한 번만 더 이 문제로 시비한다면 무옥誣獄으로 처리하겠노라고 으름장을 놓아 논란을 단번에 잠재웠다.

소론의 서명선이 영의정을, 노론의 김종수金鍾秀가 좌의정을, 남인의 채제공이 우의정을 맡도록 하여, 정조는 이 삼두마차로 확실한 상호 견제의 황금 구도를 세웠다. 하루아침에 세상이 바낀 것이다. 채제공이 완전히 끝난 줄 알고 그를 타격하는 데 힘을 보탰던 남인의 소채와 홍당은 모두 사색이 되었다.

이재기가 쓴 『눌암기략』의 본문. 남인 사이에 벌어진 줄서기의 현장이 생생하게 나타나 있다.

갈등 봉합과 출사 결심

다산의 사과 편지와 이기경의 답장

홍낙안의 직격에도 불구하고 다산은 1788년 1월 7일의 인일제에서 2등의 성적을 거두었다. 임금은 따로 다산을 불러 격려하기까지 했다. 결과적으로 홍낙안은 무시당했다.

세 해 뒤인 1791년 이기경과 다산이 다시 전면전을 펼쳤을 때 상중의 이기경은 이른바 초토신 상소를 올렸다. 이 글 속에 당시 일이 나온다. 반교 집회에 함께 있던 강이원과 또 다른 진사 성영우成永愚가 자신을 찾아와, 정약용이 그대에게 유감이 있다고 하면서, 과거장에서 명성을 다투던 처지라 시기하는 마음으로 이런 말을 퍼뜨렸다고 말하더란 얘기를 전했다. 이기경은 "내 마음은 그를 사랑하는데, 그가 그렇게 말하더란 말인가?" 하며, 자신의 진심을 내보이는 뜻에서 일부러 인일제에 응시하지 않았다.

다산은 이기경이 시험에 응시하지 않은 사실을 뒤늦게 알았다. 다산은 다시 이기경에게 편지를 보냈다. 이때 다산이 보낸 편지는 전문이 남아 있지 않다. 다만 이기경의 상소문 속에 "근래 이리저리 더 물어보고서야, 형께서 한 말이 누구를 향하고 아무개를 향하였고, 또한 '반회'라는 두 글자에 지나지 않았음을 확실하게 알게 되었소. 더더욱 그대가 우리나라의 인물인 줄을 믿게 되어, 이 같은 속마음을 털어놓는 것이오"란 구절과 "이왕 나를 한 번 버렸으니, 두 번 버리는 것이 무에 어렵겠소. 청컨대 다시 거두어주시구려"라는 한두 대목만 남아 있다.

이 말대로라면 다산은 자신이 이기경에게 오해를 거두었고, 이에 정식으로 사과한다는 내용의 편지를 보냈던 셈이다. 다산은 더 이상의 확전을 원치 않는다는 명확한 의사를 한 번 더 밝혔다. 이기경은 다산의 이 편지가 어쩔 수 없어 임시방편으로 한 사과라고 생각했다. 그런데 상황이 급변했다.

이 일이 있은 직후인 2월에 채제공이 우의정에 올랐다. 대부분의 남인들이 그에게서 등을 돌렸던 상황에서 극적 반전이 일어난 것이다. 이기경으로서는 다산을 더 건드려 득 될 것이 하나 없었다. 상황을 예의 주시하던 이기경은 2월에 다산의 앞선 두 통의 편지에 대해 아주 긴 답장을 썼다.

근래 일이야 어찌 일이라 할 만한 일이 있겠소. 일이 있은 뒤에 큰일인지 작은 일인지를 논할 수 있을 텐데, 애초에 일이라 할 만한 일이 없었으니 다시금 어찌 일이 많겠소. 이른바 일이란 것을 내가 알고 있소. 이것은 중간 사람이 내 이야기를 얽어 분주하게 양민을 함정에 빠뜨리려고 애쓴 것에 지나지 않소.

우리 사이에 대체 무슨 일이 있었느냐고 했다. 앞서 다산의 사과 편지에 대한 화답이다. 중간에 다른 사람이 끼어들어 문제를 만든 것이지 자신은 실제로 다산에게 해가 될 만한 행동을 하지 않았다는 것이다.

그러면서 그는 자신이 한 말을 하나하나 적시하며, 만약 이 말 외에 다른 말을 했다는 증거가 있다면 어떤 나무람도 달게 받겠노라고 했다. 그중에는 이런 말도 있었다.

정 아무개가 처음에는 호기심으로 혹 그 책을 들춰보았지만, 근래에는 벗어났으므로 나의 우정은 전날과 한가지다.

이어 자신이 다산에게 준 그간의 충고는 오래 고심한 충정에서 나온 것이지 해코지하려는 뜻이 아님을 길게 설명했다. 편지의 끝 대목은 이렇다.

근래 일은 혹 우리만 알고 남은 모른다고 했는데도, 우리의 동정 하나하나를 남들이 먼저 알고 있소. 이제부터는 굳이 남이 모르게 하려 하지 않겠소. 단지 남이 모두 알게 해서 내게 손해 없기를 구함이 좋을 성싶소.

당시는 양측 모두 총력을 다해 여론전을 펼치던 상황이었으므로, 다산에게 더 이상 언론 플레이를 하지 말고, 자신의 진심을 알아줄 것을 당부한 내용이다. 홍낙안의 대책문이 불발되고, 다산이 높은 등수를 얻은 데다, 그의 우군인 채제공이 우의정에 오르자, 형세가 크게 불리함을 깨달은 홍낙안과 이기경 측이 슬쩍 꼬리를 내림으로써 정미반회 일은 그럭저럭 무마되어 큰 소동 없이 가라앉고 말았다.

김석태를 애도함

앞서 말했듯 당시 천주교의 서울 본부는 난동과 반교 두 곳에 있었다. 이 중 반교는 정미반회사가 일어난 김석태의 집이었다(다산은 石太를 錫泰로 썼다). 시기는 분명치 않지만 김석태가 세상을 떴을 때 다산이 그를 위해 지은 제문이 『다산시문집』에 실려 있다. 「제숙보문祭菽甫文」이 그것이다. 숙보는 반촌 주인 김석태의 자였다. 그에 대해서는 전혀 알려진 것이 없는데 다산의 제문을 보면 두 사람의 관계가 풍경으로 떠오른다.

지극정성 하늘 뚫고	至誠徹天
지극한 정 땅과 통해.	至情徹地
나를 위해 잠을 깨고	寤爲余寤
날 위해서 잠들었지.	寐爲余寐
가정에는 소홀해도	闊于家室
날 위해선 꼼꼼했고,	而爲余密
세상일엔 느렸어도	慢于趨逐
내 일에는 재빨랐지.	而爲余疾
내 잘못을 지적하면	余咎人摘

크게 성내 칼 뽑았고	拔劍大嗔
나 좋다는 사람에겐	人與余好
그를 위해 몸 바쳤네.	爲之靡身
혼마저도 배회하며	魂兮遲徊
내 곁에 여태 있네.	尙在我側
저승 비록 멀다 하나	九原雖邃
가서도 날 생각하리.	逝將相憶

천주교와 관련된 인물이나 관련 사실은 남기지 않고 검열했던 다산이 김석태의 제문을 남긴 것은 이례적이다. 둘 사이가 그만큼 끈끈했다는 증거다. 반교 김석태의 집은 천주교 교리 공부를 위해 지나가다 임시로 잠깐 빌려 쓴 공간이 아니었다. 이곳은 당시 조선 천주교회의 중요한 결정이 이뤄지던 중심 공간이었고, 김석태는 그곳을 지키면서 다산의 보좌 역할을 맡았던 충직한 집사였다. 다산이 10인의 신부 중 한 사람이었음을 짐작게 하는 또 다른 증거다.

김석태는 지성으로 다산을 도왔다. 다산을 위한 일이라면 물불을 가리지 않았다. 다산을 해코지하려는 사람에겐 성을 내며 칼을 뽑기까지 했다고 썼다. 죽은 그의 넋이 여태 자신의 주변을 떠돌고 있다든지, 저승에 가더라도 우리는 서로를 그리워할 것이라든지 하는 표현은 두 사람의 농밀했던 정의 자취를 잘 보여준다. 김석태는 한국 천주교회가 기억해야 할 이름 중에 하나다.

출사 결심

다산은 여전히 천주교 신앙과 과거 응시 사이에서 깊이 갈등하고 있었다. 그러던 중 한 달 뒤인 3월 7일에 치른 반시에서 다산이 수석을 차지했다. 임금은 이때도 다산을 따로 불러 은혜로운 말씀을 내렸다. 당시 희정당에서 임금을 뵙고 물러나며 쓴 시가 「삼월 삼일 희정당에서 임금을 뵙고 물러 나와 짓다三月三日熙政堂上謁, 退而有作」이다.

새벽빛 물시계를 재촉하는데	曙色催銀漏
문창성이 자미원을 가까이했네.	文星近紫微
글재주 잗단 기량 부끄럽건만	技慚雕繪小
관원에 견준대도 드문 은혜라.	恩比搢紳稀
꽃버들에 임금 수레 옮기실 적에	花柳移紅輦

바람 구름 백의에 감돌았었지.	風雲繞白衣
임금 말씀 폐부를 깊이 적시니	玉音淪肺腑
살든 죽든 돌아간다 감히 말하랴.	生死敢言歸

1, 2구는 수석으로 뽑혀 서광이 비치면서 임금을 가까이서 모시게 된 기쁨을 말한 것이다. 따로 불러 격려를 주신 것에 대한 감격이 3, 4구다. 임금은 폐부를 적시는 은혜로운 말씀을 내게 주셨다. 그러니 이제는 죽든지 살든지 감히 돌아가 은거하겠다는 말을 드릴 수가 없게 되었다고 했다. 시의 끝에 한마디를 덧붙였다.

이날 은혜로운 말씀이 계셨으므로, 비로소 벼슬길에 나갈 결심을 했다是日有恩言, 始決意進取.

정조는 다산의 의중을 미리 알고 있었다. 이날 수석 합격으로 회시에 바로 응시할 수 있는 자격을 얻게 되자, 다산을 따로 불러서 어서 벼슬길에 올라 자신을 도우라는 옥음을 내렸고, 이에 감격한 다산이 비로소 은거할 마음을 접고 벼슬길에 본격적으로 나아갈 결심을 했다는 내용이다.

정조가 이날 내린 은혜로운 말씀의 내용이 궁금하다. 다산의 천주교 신앙을 묵인하여, 그가 천주교와 벼슬길을 병행할 수 있음을 넌지시 암시한 것은 아니었을까? 어쨌거나 다산은 천주교 신앙을 포기하지 않은 채로 벼슬길에 진입하려고 마음을 다잡았다. 더없이 큰 임금의 사랑에 감격했던 것이다.

하지만 다산은 1788년 8월의 도기到記에서 한 번 더 불합격했다. 다산과 그럭저럭 갈등을 봉합했던 이기경은 8월 26일, 다산이 탈락한 도기에서 수석으로 합격해 곧장 전시로 나아갔다. 여기서 두 사람은 다시 한 번 길이 엇갈렸다.

이중 행보

비만 오는 세상길

다산은 1788년 3월의 출사 결심 이후, 5월 1일에는 2년 전인 1786년 5월 11일에 갑작스레 세상을 뜬 왕세자 사망의 책임을 물을 것을 요청하는 연명 상소에 이름을 얹었다. 탈상이 코앞에 있었다. 2년 전 약방과 의원은 홍역으로 인한 왕세자의 열기를 다스리지 못했다. 1786년 5월 30일과 6월 21일 당시에도 다산은 책임자를 처벌해야 한다는 상소에 이름을 올렸었다. 당시 약방제조, 즉 방약방의 책임자는 서명선이었다.

서명선이 누군가? 1780년 홍국영 몰락 직후 채제공을 직격했던 소론의 영수였다. 상소는 약방 의원보다 서명선을 겨냥한 정치적 성격이 짙었다. 1786년 6월 11일, 정조는 오히려 서명선에게 "지난번 상소가 번갈아 나온 것은 그들이 기회를 틈타 흔들어 보려는 꾀인 줄을 훤히 볼 수 있었다"라고 말하며 잇단 처벌 요구를 묵살했다. 이것이 1788년 5월 1일에 죽은 세자의 탈상을 앞두고 다시 쟁점화되었고, 다산은 이 상소에 이름을 올리는 것으로 출사 결심의 첫행보를 알렸다.

하지만 일은 뜻대로 되지 않았고, 교회 내부의 사정도 골치 아팠다. 다산은 교회 일 보랴 과거 공부하랴 분주했지만 어느 하나 신통한 것은 없었다. 이때 지은 시 「고우행苦雨行」은 괴로운 장맛비에 심사를 얹어 답답한 교착 상황을 토로했다.

괴로운 비, 괴로운 비, 그치지 않고 내리네	苦雨苦雨雨不休
불씨도 다 꺼져서 동네 사람 근심겹다.	煙火欲絶巷人愁
아궁이에 물이 나서 깊이가 한 자인데	竈門水生深一尺
어린 아들 오더니만 나뭇잎 배 띄우누나.	穉子還來汎芥舟
네 애비도 너만 할 땐 똑 그렇게 놀았나니	迺翁當年所不免
고개 들어 화내려다 외려 절로 부끄럽다.	擧頭欲嗔還自羞
내 이제 책 베끼며 문밖을 안 나섬은	我今鈔書不出戶

기운 빠짐 때문이지 공부 잘됨 아니로다.　　　良由氣衰非學優

세상길을 나서려 해도 비 때문에 못 나간다. 아궁이에 물이 한
자나 들어차서 밥도 짓지 못한다. 할 수 없이 틀어박혀 책을 베
껴 쓰는 초서 작업을 한다. 공부가 잘되어서가 아니라, 그저 시간
을 죽이기 위해서다. 멋모르고 나뭇잎 배를 띄우며 신난 어린 아
들을 지켜보는 눈길만 안쓰럽다.

계산촌으로 이승훈을 찾아가다

다산은 광중본壙中本 「자찬묘지명」에서 자기 입으로 "정미년
(1787) 이후 4, 5년간 서학에 자못 마음을 기울였다丁未以後四五年,
頗傾心焉"라고 했다. 1788년 당시는 물론 이후로도 3, 4년간은 천
주교의 핵심부에서 적극적인 활동을 계속했다는 뜻이다.

　1786년 가성직제도 시행 이후 천주교의 교세는 폭발적 성장
을 보였다. 초기 이벽과 이승훈, 다산 형제와 권일신 등 몇 사람
에 의해 출발했던 것이 1789년에는 1천 명을 넘어섰다. 1787년
봄, 10인의 신부 중 한 사람이 『성교절요聖敎切要』 등 교리서를 공

부하다가, 주교에 의해 사제 서품을 받지 않고는 미사와 성사 집전을 할 수 없고, 한다면 이는 독성죄瀆聖罪, 즉 신성 모독죄에 해당한다는 사실을 처음 확인했다. 그에 의해 이 문제가 난동과 반교의 집행부 모임에 정식으로 상정되었고, 이후 이들은 대단히 심각한 혼란에 빠졌다.

성사 집행이 즉각 중단되었다. 미사도 중단해야 한다는 의견이 있었지만, 미사 폐지는 신자들에게 영적 양식을 빼앗고, 구원의 희망을 꺾는 일이라 하여 당분간 계속하기로 했다. 성사가 중단되면서 교우들이 동요했다. 자신들이 처한 이 문제에 대해 중국 교회에 권위 있는 해석을 청해야만 했다. 하지만 보낼 인편과 비용 마련이 쉽지 않았다. 집행부 내부 의견도 갈리면서 혼선을 빚었다.

이 같은 고민의 와중에 1788년 9월 초, 다산은 천주교와 과거 준비에서 도망치듯 문암산장으로 갔다. 해마다 가을걷이를 위해 문암에 머물곤 했으니 특별하달 일은 아니었다. 다만 이때 다산의 행보는 조금 이상했다. 다산은 문암에 도착한 직후, 당시 계산촌鷄山村에 머물고 있던 자형 이승훈을 만나러 갔다. 계산촌은 문암산장에서 멀지 않은 양주 사기막골 인근 굴운역窟雲驛 근처에 있었다.

당시 이승훈은 어째서 서울 아닌 이곳에 머물고 있었고, 다산은 왜 그를 찾아갔을까? 이승훈을 만나고 돌아오는 길에 다산은 시 한 수를 남겼다. 「남일원으로부터 배를 타고 문암장으로 돌아오며自南一源乘舟還門巖莊」란 작품이다. 남일원은 다산의 「산수심원기汕水尋源記」에서 벽계 인근에 있던 1천 그루의 밤나무로 이름 났던 마을이라고 적었던 곳이다. 시의 부제가 "이때 계산으로 이 형을 찾아갔다時于雞山訪李兄"이다. 이승훈이 1801년 천주교 문제로 처형당했기 때문에, 다산은 문집에서 이승훈을 말할 때 그의 이름을 적지 않고 꼭 이 형이라고만 썼다.

맑은 밤 술상 앞서 술잔 나누며	對飮酬淸夜
만년에 함께 살자 약속을 했지.	連棲約晚年
단풍나무 아래서 채찍 들고서	拂鞭紅樹裏
흰 구름 언저리로 노를 젓누나.	移櫂白雲邊
모용茅容의 뜻 지닌 줄은 진작 알았고	己識茅容志
이필李泌의 어짊 갖춤 마침내 아네.	終知李泌賢
산림은 하늘조차 아끼는 바라	山林天所惜
어이해 티끌 인연 사절하겠소.	那得謝塵緣

둘은 모처럼 만나 술잔을 나눴고, 늙어서는 이곳에서 이웃이 되어 살자고 다짐했다. 지금은 할 일이 많으니 아니라는 뜻이다. 5, 6구의 의미는 이렇다. 모용은 동한東漢 때 효자였고 뒤늦게 글을 배워 덕망 높은 선비가 되었다. 이필은 당나라 때 네 임금을 섬겨 재상까지 올랐던 인물이다. 모용을 말했으니 이승훈이 이때 부모를 모시기 위해 그곳에 내려갔던 듯하고, 다산은 그가 이필처럼 끝내 과거를 보아 여러 임금을 섬기는 어진 신하가 되어주기를 바랐다.

7, 8구는 묘한 말이다. 숨어 사는 산림처사는 아무나 할 수 있는 것이 아니다. 그러니 티끌세상의 인연을 끊을 생각일랑 아예 하지 말라고 했다. 당시 이승훈은 아예 속세의 인연을 끊고 완전히 은거할 작정으로 계산촌에 내려와 있었던 것이다. 다산은 출사를 결심한 자신의 의지를 밝히며 그의 뜻을 돌리려 했던 듯하다.

여기서 생각이 조금 복잡해진다. 당시 이승훈은 가성직제도하 천주교 교단에서 간판 격 인물이었는데, 교회 일로 동분서주해도 시원찮을 그가 어쩐 일로 산골에 처박혀서 아예 바깥세상으로 안 나갈 작정까지 하게 되었던가? 교단 내부에 알지 못할 복잡한 사정이 있었던 것이 틀림없다.

사실 이승훈의 처신은 처음부터 끝까지 문제가 많았다. 그는 일이 생기면 공개적으로 시문까지 지어가며 배교를 선언했고, 얼마 뒤에는 아무 일도 없었다는 듯 슬며시 돌아오곤 했다. 없는 말을 만들거나 다른 사람을 끌고 들어가는 행동도 서슴지 않아 신뢰를 점차 잃었다. 이때 다산은 갈등을 빚고 교회를 벗어나 있던 자형을 설득하기 위해 찾아갔던 것은 아닐까? 교회는 유일하게 중국 천주당에서 공식적으로 세례를 받은 이승훈의 아우라가 필요했을 것이다.

북경 특사 파견과 위조 편지

조선 천주교회는 독성죄 자체 고발로 봉착한 문제의 해결을 위해 1789년과 1790년 두 차례에 걸쳐 북경 교회에 특사를 파견했다. 1789년 10월, 윤유일은 조선 교회가 북경 주교에게 보내는 서한을 옷 속에 누벼 거액의 뒷돈을 주고 동지사 일행에 장사꾼의 마부로 끼어들어 떠났다. 옷 속에는 이승훈의 편지와 애초에 문제를 제기했던 유항검으로 추정되는 이의 편지가 들어 있었다.

이 편지들은 한문 원본은 남아 있지 않고, 현재 로마교황청 인류복음화성 고문서고에 라틴어, 이탈리아어, 프랑스어 번역문이 보존되어 있다. 편지에서 이승훈은 당시 조선 교회가 처한 심각한 고민을 토로하고, 자신들이 모르고 지은 죄를 용서해달라는 청원을 썼다.

그런데 훗날 1801년 2월 18일, 이승훈은 황사영 백서 사건에 연루되어 의금부에서 국문을 받을 적에 이상한 말을 했다. 『추국일기推鞫日記』에 들어 있는 이승훈의 공초 기록을 보면, 이승훈은 "1790년 무렵 정약용이 권일신의 제자 윤유일과 함께 제 이름을 빌려 북경의 서양인들과 편지를 주고받았습니다"라는 폭탄선언을 했다. 심지어 1795년에도 그의 심부름꾼인 지홍池洪과 윤유일을 시켜 천주교의 전법기물傳法器物을 가져오게 해서 정약용의 집에 보관하였노라고 고발했다.

그는 한발 더 나아가, 당시 이 편지 위조 사실을 자신이 고발하려 하자, 정약용이 "조정에서도 이미 모두 환히 아는 사실이니 제발 고발하지 말아달라"라고 자신에게 애걸했다는 말도 보탰다. 심문관은 네가 주고받은 편지가 분명한데 어찌 정약용에게 떠넘기느냐고 다그치자, 이승훈은 다시 "정약용이 서찰을 위조해서 제게 책임을 전가했지만, 저는 실로 이런 일이 없었습니다"

라고 한 번 더 발뺌했다. "정약용 3형제가 제 이름을 빌려서 서양인과 교통하는 섬돌로 삼았다"라고도 말했다. 처남 매부 사이였던 이들은 막판에 이르러서는 거의 막장 드라마 수준의 관계까지 갔다.

로마교황청에 보관된 이승훈의 편지 프랑스어 번역 사본.

이진동 구출 작전

장원급제와 벼슬길

———————

다산은 과거 시험 준비와 교회 일을 병행하며 1788년 겨울을 났다. 해가 바뀌어 1789년 1월 7일에 시행된 인일제에 응시해 지난해와 같은 성적으로 합격했다. 정조는 합격자를 희정당으로 불렀다. 특별히 다산을 앞으로 나오게 해놓고, 임금은 한동안 아무 말도 하지 않았다[移時不語].

조바심이 날 즈음해서야 임금이 비로소 입을 뗐다.

"초시가 몇 번째냐?"

지난해 했던 질문과 똑같았다.

"네 번째이옵니다."

임금은 다시 입을 꾹 다물었다. 한참 만에 말이 떨어졌다.

"이렇게 해서야 급제는 하겠느냐? 그만 물러가거라."

다산은 꿀 먹은 벙어리가 되었다. 그 말의 효과였던지, 다산은 그달 1월 26일의 시험에서 수석을 차지해, 3월 10일의 식년시武年試로 직행했고, 마침내 문과에 당당히 장원으로 급제했다. 이 언저리의 사연은 앞서 「구름으로 용을 따르던 시절」에서 설명했으므로 여기서 다시 논의하지 않는다.

천주교 활동을 하면서, 과거에 장원으로 급제한 일은 실로 기적에 가까웠다. 이로써 다산은 1783년 2월 증광시 초시에 합격한 이래 무려 6년간의 수험생 생활을 겨우 끝냈다. 은거를 결심하고, 임금의 은혜에 감격해 다시 출사를 마음먹었다가, 이후로도 여러 차례 더 낙방의 고배를 마시는 동안, 심신은 지칠 대로 지쳤지만 그는 마침내 해냈다.

다산의 첫 벼슬은 희릉직장禧陵直長이었다. 급제 직후 다산은 채제공을 찾아가 정식으로 인사를 올렸다. 「매선당기每善堂記」에 그때 나눈 대화가 남아 있다. 그는 비로소 채제공 계보의 일원이 되었다. 1789년 3월 20일에는 바로 초계문신에 발탁되었고, 4월 1일 부친 정재원이 울산부사 임명장을 받았다. 집안에 잇달아 상서로운 기운이 넘쳤다.

그 어렵다는 대과에 장원급제한 아들과 새 임지로 부임해야 하는 아버지가 함께 초천으로 돌아오자 온 동네가 떠들썩했다. 4월 5일, 다산은 울산으로 떠나는 아버지를 충주까지 모시고 갔다가, 서울로 돌아와 축하 모임인 탐화연探花宴에 참석했다. 임금은 다산을 희릉직장에 임명해놓고, 딱 하루 자고 나자 바로 가주서假注書 직분으로 승정원에 불러올렸다. 이후 다산은 지근거리에서 정조를 수행했다. 꿈꾸던 시간이 눈앞에 있었다.

1789년 7월 11일, 정조는 사도세자의 묘인 영우원永祐園을 수원으로 옮기는 결정을 내렸다. 화성 건설의 신호탄이 쏘아 올려진 것이다. 마침내 올 것이 오는가? 정국이 다시 한 번 꿈틀했다. 다산은 6월에 승정원 가주서에서 물러나, 이후 8월까지 발령 대기 상태에 놓여 있었다. 새로 급제한 사람들에게 공평하게 기회를 주려는 안배 차원이었다. 8월 11일에 추석을 함께 보낼 겸 다산은 아버지를 뵈려고 울산으로 내려갔다. 그런데 8월 17일, 급히 상경하라는 내각의 관문關文이 당도했다. 놀란 다산은 그길로 상경을 서둘렀다.

이진동을 구출하라

『사암연보』에는 상경 당시 있었던 사건 하나가 실려 있다. 안동 사람 이진동(李鎭東, 1732-1815)이 상소를 올린 일로 관찰사의 뜻을 거슬렀다. 관찰사는 다른 일을 핑계로 그를 무함 잡아 죽이려 했다. 이진동이 그 낌새를 알고 먼저 달아나 숨었다. 포교가 조령과 죽령까지 쫙 깔렸다. 그가 달아나는 길목을 막으려 했던 것이다. 그곳 유림들이 다급한 사정을 호출받고 상경 중이던 다산에게 알려주었다.

이제 막 벼슬길에 첫발을 내디딘 다산이 함부로 끼어들 일이 아니었다. 하지만 다산은 "일이 다급하다. 내각에 죄를 얻는 한이 있더라도 그를 구하지 않을 수 없다"라고 하며 팔을 걷어붙였다. 날이 이미 저물었는데도 다산은 말에 올라 120리를 내달려, 새벽 무렵 영천에 도착했다. 여기서 또 50리 길을 되돌아가 김한동金翰東의 집에 이르러서야 이진동이 청암정青巖亭에 숨어 있다는 소식을 들었다.

마침내 다산은 내각의 관문을 들이밀며 이진동과 함께 한밤중에 죽령을 넘었다. 이진동은 다산의 주선으로 단양 사는 오엽吳琰의 집에 머물렀다. 이진동은 죽을 뻔한 목숨을 다산 덕분에 간신히 건졌다.

　다산은 왜 자신과 직접 상관도 없는 일에 위험을 감수하면서까지 총대를 멨을까? 문제의 원인이 된 이진동의 상소 사건이란 무슨 얘기인가? 여기에는 채제공의 복귀 이후, 남인 세력의 정치적 복권과 맞물린 긴 사연이 숨어 있다.

　이진동이 상소를 올린 것은 한 해 전인 1788년 11월 8일의 일이었다. 이해는 1728년 무신년 이인좌와 정희량鄭希亮의 난이 일어난 지 꼭 60년째 되던 해였다. 영남 사람 대부분이 반역에 동조했다는 누명을 써서, 이후 60년간 남인은 과거 시험장 출입이 제한되고, 조정에 발도 들이지 못했다. 도산서원의 훈감訓監으로 있던 이진동은 반란 진압에 앞장섰던 영남인의 공이 제대로 인정받지 못했음을 들어, 당시 기록을 하나하나 찾아 이른바 『무신창의록戊申倡義錄』이란 책자를 만들었다.

　또 노론에 의해 죽음으로 내몰렸던 영남 남인 조덕린趙德鄰과 황익재黃翼再의 원통한 사정을 토로하고, 이들의 신원을 요청하는 내용의 상소를 이 책과 함께 올렸다. 영남 남인들의 오래 맺힌 억울함을 풀어줄 것을 탄원한 것이다.

수 싸움과 동물적 정치 감각

정조는 이들이 올린 상소문과 『무신창의록』을 본 뒤, 우의정 채제공에게 앞뒤 상황을 물었고, 좌의정 이성원李性源의 청에 따라 이 책을 영남으로 내려보내 중요 부분을 뽑아 간행케 하라는 명을 내렸다. 하지만 문제는 그리 단순치가 않았다. 예전 영남의 조덕린이 억울하게 죽고, 그의 손자 조진도趙進道가 급제 후에 덕린의 후손이라 하여 합격이 취소된 처분을 회복해달라는 요청이 쟁점이 되었다. 당시 정쟁적 입장에서 이 일을 처결했던 노론은 이 일의 번복을 자신들의 정당성에 대한 남인들의 정면 도발로 받아들였다. 채제공이 남인 세력의 확장을 위해 배경에서 사주했을 가능성을 의심했다.

결국 노론은 발끈해서 불측한 흉계라고 대들었다. 당시 처결이 정당했다고 강변했다. 하지만 정조는 노론의 바람과는 반대로, 사흘 뒤인 11월 11일, 소두疏頭 이진동과 김상관金相寬, 정장간鄭章簡 등 여덟 명을 궁중으로 들게 해서 반나절 동안이나 이들을 접견했다. 이 자리에서 정조는 이들의 노고를 위로하고 충정을 격려하는 수백 마디의 전교를 내리고, 심지어 이진동에게 임금 앞에서 큰 소리로 이를 읽게 하기까지 했다.

글을 읽는 시골 선비 이진동의 목소리가 우렁우렁했다. 끝에 가서는 감격해서 그의 두 눈에 눈물이 그렁그렁 맺혔다. 임금은 "이 글을 가지고 영남으로 가서 부로들에게 짐의 뜻을 알게 하라"라고 했다.

그들이 물러가자, 임금이 신하들에게 말했다.

"초야의 선비가 처음으로 임금이 있는 자리에 올랐는데도 신색神色이 변하지 않고 행동거지가 절도에 맞으니 참으로 재상감이다. 장하다. 내 장차 크게 쓰리라."

이휘재(李彙載, 1795-1875)가 쓴 「족조욕과재이공행장族祖欲寡齋李公行狀」에 자세한 내용이 보인다.

그러고는 해를 넘겨 조덕린을 신원하고, 그의 손자 조진도의 합격을 회복시키는 조처를 내렸다. 노론 당로자들이 강력하게 반발했지만, 정조는 묵살했다. 『사암연보』에서 그저 지나치듯 적어둔 이 사건의 이면에는 채제공의 복귀 이후 이를 발판 삼아 정계에 발돋움하려는 남인과 이를 견제하는 노론 간의 치열한 수 싸움과 정쟁의 노림수가 깔려 있었다.

해가 바뀌어 1789년 홍억洪檍이 경상도관찰사로 부임했다. 그는 홍대용의 아버지였다. 노론은 제2, 제3의 이진동의 출현을 경계해 아예 싹을 자르기로 했다. 노론의 지시를 받은 홍억은 구실을 만들어 이진동을 죽이려고 체포를 명했다. 상황이 몹시 다급했다. 숨 가쁜 상황에서 마침 이곳을 지나던 다산의 도움으로 이진동은 간신히 죽음에서 벗어났다. 다산은 상경 즉시 이 일을 사촌 처남 홍인호와 함께 정조에게 보고했고, 격노한 정조는 홍억을 파직해버렸다.

다산의 기민한 일 처리는 남인들을 크게 고무시켰다. 판서 권엄이 호협호의豪俠好義의 행동이라며 다산을 크게 칭찬하는 편지를 보냈다. 다산은 답장에서 울산에서 안동으로 돌아올 때 이진동의 근심이 있음을 듣고, 그저 지날 수 없어 함께 죽령을 넘었던 것이며, 벗들의 바람을 저버릴 수 없었던 것뿐이라며 겸손의 뜻을 비쳤다. 영남 남인들은 이 사건으로 다산에게 큰 덕을 입었다. 훗날 『여유당전서』 간행 당시 영남 쪽에서 큰 비용이 마련되었던 사정도 이와 무관치 않다.

젊은 날의 다산은 정치적 감각이 남달랐다. 그는 벼슬길에 오른 이후 채제공 사단의 참모와 돌격 대장 역할을 도맡았다. 그는 본능적이고 동물적인 감각으로 당시 복잡한 정쟁의 전면에서 문제와 정면으로 부딪쳤다. 가려운 데를 먼저 긁었고, 행동 뒤에는 반드시 결과를 얻어냈다. 채제공이든 그를 이용해 정권의 무게중심을 남인 쪽으로 옮겨 오려던 정조에게든 다산은 간이 딱 맞았다. 다산은 이쁜 짓만 골라서 했다. 노론이 남인의 기세를 꺾기 위해 이진동을 해치려 했던 음모는, 다산의 구출로 인해 긁어 부스럼이 되어 정국의 주도권을 남인에게 넘겨주는 부메랑으로 돌아왔다.

이후 남인들은 채제공이라는 날개를 얻어, 차츰 중앙 정계로 복귀를 꿈꿀 수 있게 되었다. 1792년의 저 유명한 영남 만인소와 이를 이어 안동 도산서원에서 실시된 특별 과거 또한 이진동의 『무신창의록』과 다산의 이진동 구출 사건이 발판이 되었다. 다산은 이것으로 자신의 존재감을 알리는 멋진 데뷔전을 끝냈다.

북경 밀사

뜻밖의 손님

────────────

1789년 12월 16일(음력), 세밑의 북경 거리는 영 부산스러웠다. 오후 들어 낯선 행색의 젊은이가 북경의 천주당 앞에 나타났다. 용건을 묻는 청지기에게 그는 종이를 꺼내 양동재 신부를 만나게 해달라고 썼다. 청지기가 고개를 갸웃하더니 사제관으로 들어갔다. 메모를 전해 받은 로(Nicolas Joseph Raux, 중국명 나광상羅廣祥, 1754-1801) 신부의 지시에 따라 청지기가 손님을 안내했다.

쭈뼛쭈뼛 들어온 청년은 붓으로 자기소개를 했다.

"조선에서 온 윤유일입니다. 양동재 신부님을 뵙고, 조선 교회의 상황과 저희의 청원을 말씀드리려고 왔습니다."

조선 교회라니! 대체 무슨 말인가? 로 신부는 이 말에 크게 놀랐다. 양동재 신부는 1784년 이승훈에게 세례를 주었던 그라몽 신부의 중국 이름이었다.

"그분은 몇 해 전 이미 광동廣東으로 떠나셨소. 지금은 내가 이곳의 책임을 맡고 있지요. 나는 나羅 신부입니다."

이후 마주 앉은 두 사람은 본격적으로 필담을 시작했다. 그렇게 알게 된 젊은이의 인적 사항은 이러했다. 나이는 30세, 여주 사람으로 권일신의 제자였고, 이승훈에게서 세례를 받았다. 그는 조선 교회 내부에서 제기된 교리상 문제와 가성직제도 아래 신부의 역할과 월권 및 제반 교리 및 교무 수행에 대한 중국 성직자의 권위 있는 답변을 원했다. 조선 교회의 위임을 받아 은자 20냥을 뇌물로 주고 동지사 사신행차에 마부 자리를 얻어서 왔고, 북경에 도착하자마자 이곳부터 찾았다고 했다.

그가 갑자기 입고 있던 겉옷을 벗더니 옷의 솔기를 뜯기 시작했다. 작게 잘려진 천 조각들이 그 안에서 계속 나왔다. 제일 안쪽에서 잘 접은 명주 천 몇 장을 꺼낸 청년은 그것을 로 신부에게 공손하게 건넸다. 승두문자! 말 그대로 파리 대가리만 한 깨알 같은 글자가 빼곡하게 적혀 있었다.

그 안에 담긴 내용은 자못 놀라웠다. 1784년 영세하고 귀국한 이승훈이 보낸 편지였다. 그간의 전교 활동으로 조선에 1천 명이 넘는 신자가 입교했으며, 그중 남자 열두 명과 여자 열두 명을 회장으로 임명해서 지역별로 역할을 분담해 교우들을 관리하고 포교 활동을 펼치고 있다는 내용이었다. 북경 성당에서 세례를 받고 떠난 한 사람의 조선인에 의해 선교사가 파송된 적이 없는 조선 땅에 6년 만에 1천 명의 신자가 생겨났다니, 로 신부는 어안이 벙벙했다.

이 느닷없는 조선인 청년의 출현과 그가 가져온 서신에 담긴 내용은 중국 교회에 큰 파문을 일으켰다. 윤유일은 이후 날마다 성당을 찾아와 서신의 내용을 추가로 설명하고, 편지에 미처 적지 못한 정황을 필담으로 설명했다. 그는 자신이 조선에서 세례를 받았지만, 그 세례가 과연 유효한 것인지를 회의하고 있었다. 그의 교리 지식은 훌륭해서 나무랄 데가 없었다.

엿새 뒤인 1789년 12월 22일, 그를 위한 특별 세례식이 대단히 성대하게 거행되었다. 중국 신자들 여럿이 입회했고, 대부는 당시 궁정화가로 활동하고 있던 판치Giuseppe Panzi 수사가 섰다. 윤유일은 바오로라는 세례명을 받아, 조선에서 두 번째 공식 세례자의 영광을 안았다. 성사를 받는 그의 표정에서 한없는 열정과 신심이 묻어났다. 지켜보던 중국 교우들마저 감정에 복받쳐서 눈물을 흘렸다. 이 세례식 광경은 북경의 천주교 신자들을 완전히 압도했고, 북경 천주교계 전체에 엄청난 반향을 불러일으켰다.

윤유일의 대부였던 판치 수사는 윤유일의 초상화를 그려 생라자르Saint-Lazare로 보냈다. 이제라도 바티칸이나 유럽 교회 도서관 어디에선가 그의 초상화가 발견될 가능성이 없지 않다. 이 전후의 광경은 1791년 2월 11일에 마카오 라자로회의 빌라(Giovanni Villa, 1752-1803) 신부가 옮긴 북경 주교의 편지 발췌문과 로 신부, 판치 수사의 여러 편지글 속에 생생하게 남아 있다.

8천 자 사목 교서와 두 번째 북경행

윤유일은 귀국 시까지 여러 날 계속된 필담에서 엄청난 분량의 기록을 남겼다. 로 신부는 조선 교회가 질문한 서른일곱 가지 질문에 답변서를 작성해주었다. 그리고 그는 이 모든 필담을 자신이 속한 라자로회 총장에게 번역해서 보냈다. 가톨릭 역사에서 달리 유례를 찾을 수 없는 자생적 교회의 창립은 로마가톨릭교회로서도 생각해본 적이 없는 충격적인 사건이었다. 그들의 신심과 열정은 놀라웠고, 신앙의 파급 속도는 더 놀라웠다.

그들은 뒤늦게 사제직이 주교의 허락 없이 될 수 없고, 사제는 동정을 지켜야만 한다는 사실을 알고, 자신들이 큰 죄를 범했음을 고백하고 용서를 청하면서 북경 교회에 정식으로 선교사의 파송을 청원하고 있었다. 어찌 보면 이들의 질문과 고민은 너무도 순진했다. 북경 신부들은 이야말로 하느님께서 일으키신 엄청난 섭리요 기적이 아닐 수 없다고 입을 모았다.

당시 북경의 구베아 주교는 조선 교회의 질문에 대답하고, 향후 사목의 방향을 자세히 적은, 한자로 8천 자에 달하는 사목 교서를 윤유일의 옷 속에 넣어 단단히 꿰매주었다. 구베아 주교의 한문 사목 교서는 현재 남아 있지 않다. 다만 그가 1786년 2월 18일에 북경의 교우들에게 발표한 사목 교서만 구베아 주교의 고향 마을인 포르투갈의 에보라Évora 도서관에 소장되어 있다.

당시 조선의 상황에 대한 깊은 고민과 배려 없이 이 사목 교서에 적은 조상 제사 금지 조항이 조선의 천주교회에 얼마나 큰 타격을 가했고, 이로 인한 배교와 순교의 파장이 얼마만큼 큰 것이었을지 구베아 주교는 짐작조차 하지 못했다.

윤유일이 1790년 2월 말 북경 주교의 사목 교서를 들고 귀국

하자 조선의 천주 교우들은 환호했다. 멋대로 신부를 세워 성사를 집전한 것은 따로 나무라지 않았고, 구원을 받기 위한 상등통회上等痛悔에 의지하고, 성사의 은혜를 받을 수 있는 방법을 강구할 것을 지시하고 있었다. 그 밖의 교리상 의문들도 대부분 해소되었다. 로 신부는 나중에 선교사가 왔을 때를 대비해 미사 때 필요한 포도주 제법까지 알려주었다.

1790년 8월 13일은 청나라 건륭乾隆 황제의 80회 생일이었다. 이를 축하하는 진하성절사進賀聖節使가 황인점黃仁點을 정사로, 서호수徐浩修를 부사로 삼아 6월 초에 한양을 출발했다. 윤유일은 이 행차에 묻어 한 번 더 북경으로 갔다. 교회 수뇌부는 북경 구베아 주교의 사목 교서에 대한 답변 서한을 작성했다. 성신강림 후 일곱 번째 주일에 썼다고 했으니, 양력 7월 11일로 음력으로 환산하면 5월 29일에 해당한다. 출발 직전 서둘러서 쓴 편지였다.

이 답장의 서두에서 작성자인 이승훈은 "한 글자 한 글자에 모두 깊은 애정과 열성이 담긴 편지를 100번 가까이 읽고 또 읽으면서 눈물이 끝도 없이 쏟아졌습니다"라고 적었다. 하지만 처음 편지를 받고 느낀 말할 수 없는 기쁨은 오래가지 못했다면서, "그 편지는 오히려 신자들을 이전보다 더 끔찍한 슬픔으로 몰아

넣었습니다. 지금 저희가 처한 상황은 마치 날이 저물어 당황한 여행자가 깜깜한 어둠 속을 헤매다가 멀리 한 줄기 빛을 발견하고도 그곳에 갈 수 없는 처지와 같습니다"라고 썼다.

이들은 자신들에게 교리를 직접 가르쳐주고, 신앙생활을 좀 더 확실하게 인도해줄 사제를 한 분이라도 모셔야 한다며 이에 대한 주교의 확답을 요청하고 있었다. 윤유일은 2월에 귀국해 3개월 만에 다시 북경으로 길을 떠나야만 했다.

기쁜 소식

이때의 연행사는 노정이 조금 복잡했다. 건륭 황제가 의주 국경에서 사신 일행에게 관문을 보내 7월 10일 이전에 열하熱河로 직행할 것을 명했기 때문이었다. 서호수의 『연행기燕行紀』를 통해 볼 때, 정사와 일부 수행원만 봉황성에서 북쪽 길을 따라 열하로 직행했고, 나머지 사행은 산해관을 거쳐 7월 1일경 북경에 도착했다.

이후 8월 12일에 정사 일행이 열하를 거쳐 북경 남관南舘에 도착할 때까지 윤유일은 눈치 볼 일 없이 거의 날마다 북경 성당을 드나들며 그곳 신부들과 조선 교회의 사정을 놓고 긴 대화를 나누었다. 이때 윤유일은 조선 국왕의 관리인 예비 교우 한 사람을 데리고 성당에 나타났다. 이들은 두 통의 편지와 조선 교회가 발행한 별도의 위임장을 들고 왔다. 편지는 선교사 파송을 시종일관 간절히 호소하고 있었다. 선교사를 모시는 방법은 물론, 선교사가 조선에 오게 될 경우 그가 입을 옷까지 가져오는 열성을 보였다.

편지에는 1년 전 1천 명이라고 했던 조선 천주교도의 숫자가 어느새 4천 명으로 불어났다는 내용도 들어 있었다. 놀라운 기세였다. 북경 주교는 "전적으로 천주님께서 하시는 지극히 기적적인 일에 틀림없다"라고 감탄했지만, 일부에서는 중국인들처럼 허풍을 떠는 것일 수 있다고 의구심을 드러냈을 정도였다.

당시 윤유일과 함께 왔다는 알파벳 표기 'U'로 표기된 조선 관리는 우禹씨였던 것으로 보인다. 그도 북경의 주교좌성당인 남당에서 성세성사와 견진성사를 각각 따로 받았다. 북경 교회는 조선 교회를 위해 미사 예절에 필요한 성작聖爵과 미사 경본, 그리고 제대 위에 놓을 성석聖石과 각종 상본 및 여러 책자와 성물을 보내주었다. 성석은 순교자의 유해나 유품이 들어 있는 돌판으로, 지금도 모든 성당 제대의 안쪽에 간직된 물건이다. 윤유일은 1791년 3월 동지사가 귀국할 때 선교사 한 사람을 파송하겠다는 약속과 그와 접선하고 안내하는 방법까지 정하는 성과를 안고 돌아왔다.

성당에서 받은 성물은 국경의 검문검색에 걸릴 수밖에 없었다. 하지만 우씨 성의 관리가 임금에게 올리는 물품을 관리하는 직분을 맡고 있었으므로, 그는 임금께 가는 상자 속에 이 물건을 숨겨 검열 없이 국경을 통과했다. 해가 바뀌면 북경에서 파견된 신부가 온다! 이 기쁜 소식에 조선 교회가 온통 술렁거렸다.

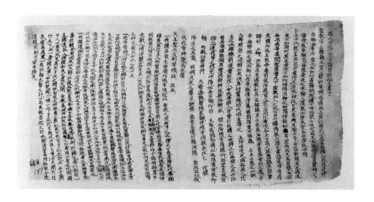

1811년 조선 천주교회가 교황에게 보낸 명주 천에 쓴 편지. 윤유일 당시의 것은 아니지만 승두문자, 즉 파리 대가리만 한 작은 크기의 글자를 빼곡하게 채워 넣은 실물을 상상해볼 수 있다.

6장

조선 천주교회의
성장과 좌절

1900년, 중국인이 쓴
2종의 조선 천주교회 순교사

청천벽력과 폭탄선언

구베아 주교의 8천 자에 달하는 사목 교서 중 한 대목이 목 안의 가시처럼 조선 천주교인들의 마음을 깊숙이 찔렀다. 조상의 신주를 모시는 행위와 제사에 대한 금지명령이 그것이었다. 구베아 주교가 1797년 8월 15일에 사천泗川의 대리 감목인 디디에 (Jean-Didier de Saint Martin, 중국명 풍약망馮若望, 1743-1801) 주교에게 보낸 편지 중에 다음 대목이 있다.

조선 교회에서는 지난 1790년 자신들이 궁금해하는 여러 가지

의문과 질문 사항을 보내왔는데, 그중에는 조상의 신주를 만들어 모셔도 되는지, 또한 이미 모시고 있던 조상의 신주를 계속 모셔도 되는지에 대한 질문이 포함되어 있었습니다. 그런데 교황청에서는 베네딕토 교황의 칙서인 「엑스 쿠오 싱굴라리Ex quo singulari」와 클레멘스 교황의 칙서인 「엑스 일라 디에Ex illa die」를 통해 이 문제에 대하여 아주 단호한 입장을 표명한 바 있었습니다. 그래서 저는 이러한 교황청의 결정에 따라 절대로 그렇게 해서는 안 된다고 대답하였습니다.

동아시아에서 조상의 신주를 모시고 제사를 지내는 것을 우상숭배로 규정한 칙서는 가톨릭의 해묵은 논쟁과 문제 제기, 그리고 이에 대한 오랜 토론 끝에 내려진 결론이었다. 이 결정은 이전부터 중국에서 활동하던 예수회 신부들의 보유론적 관점과 적응주의 원칙을 거부한 것이었다. 이 문제는 포르투갈의 지원을 받은 예수회의 적응주의적 관점과 스페인의 원조를 받은 도미니코회와 프란치스코회 등의 교조주의적 관점이 충돌하면서 야기된 긴 논쟁의 역사를 가지고 있다.

하필 이때 북경에서 프랑스 예수회 교단이 해체 축출되면서 프란치스코회 교단이 새로 자리 잡은 시점인 것이 화근이었다.

프란치스코회 출신의 구베아 주교는 이승훈이 조선으로 돌아간 이듬해인 1785년에 북경에 부임했고, 예수회 출신 양동재 신부는 이미 광동으로 밀려난 상황이었다. 당시 서양 선교사들의 선교권 쟁탈전은 전쟁에 가까웠다. 이 해묵은 선교권 전쟁의 와중에서 정작 새우등이 조선에서 터졌다.

윤유일은 1790년 10월 22일에 한양으로 돌아왔다. 기쁨도 잠시, 이제부터 조상 제사를 지낼 수 없다. 이 명령에 안 따르면 천주교 신자가 아니다. 가히 청천벽력 같은 소식이었다. 신앙을 지키려면 패륜의 길을 가야 했다. 사목 교서의 어조는 워낙 강경해서 타협의 여지가 없었다. 선교사 파송 소식에 환호하던 조선 교회는 세부 항목을 검토하다가 이 대목에 이르러 극심한 혼란에 빠졌다. 어찌할 것인가?

다산은 윤유일의 두 차례에 걸친 북경행에 어떤 역할을 맡았을까? 윤유일이 들고 간 편지는 이승훈의 이름으로 적혀 있었다. 그런데 「이중 행보」에서 잠깐 언급했듯, 이승훈은 처형당하기 약 열흘 전인 1801년 2월 18일에 열린 의금부 공초에서 북경에 보낸 편지는 사실 정약용이 허락 없이 자신의 이름을 도용해 쓴 것이었다는 폭탄선언을 했다.

이에 대한 다산의 반응은 기록에 없다. 심문관은 네가 쓴 내용

이 분명한데, 어째서 정약용에게 떠미느냐고 준절하게 나무란
뒤 이 문제를 더 확대하지 않았다. 처남 매부 사이는 이때에 이르
러 다산의 입에서 이승훈은 우리 집안의 원수란 말까지 나올 정
도로 돌이킬 수 없는 지경에 치달았다. 이전 여러 차례 교난敎難
의 고비마다 이승훈의 부적절한 처신과 언행이 누적된 결과였다.

　다산이 자신의 이름을 빌려 썼다는 이승훈의 이 폭탄선언은
사실일 가능성이 높다. 이승훈은 1789년 당시 이미 교회 내부
의 신뢰를 잃은 상태였다. 교회를 벗어난 그를 다산이 찾아가 마
음을 돌리려 애쓰기까지 했다. 조선 천주교회가 중국 교회에 정
돈된 입장을 보낼 때, 최초의 공인 신자인 이승훈의 이름을 쓰는
것은 당연했다. 훗날 황사영이 백서를 쓰면서 자신의 이름이 아
닌 이전에 북경을 다녀온 황심黃沁 토마스의 이름을 빌려서 쓴
이유도 똑같다. 그쪽에서 아는 사람의 이름을 빌리는 것은 글의
신뢰성과 관련된 문제였다.

『고려치명사략』과 『고려주증』

여기서 잠시 1900년에 중국 천주교회에서 출간한 2종의 서책

에 대해 소개해야겠다. 『고려치명사략高麗致命史略』과 『고려주증
高麗主證』이란 책이다. 중국 천주교회는 발생 초기부터 조선 천주
교회에 관심이 높았다. 고려는 당시 중국에서 조선을 일컫는 호
칭이다. 두 책 모두 조선 천주교회 순교사에 관한 내용을 담았다.
한 해에 동시 간행된 두 책은 모두 1874년 파리에서 2책으로 간
행된 달레의 『조선천주교회사』에 기초하고 있다. 달레의 책이
간행되자 프랑스 신부들은 이 놀라운 조선 교회 순교자들의 이
야기를 중국 교인들에게 들려주기 시작했고, 이것은 큰 반향을
일으켰다.

중국인 신부 은정형殷正衡이 1900년에 중경重慶에서 달레의
책을 인명별로 정리해 『고려주증』 5권 2책을 펴냈다. 같은 해에
중국인 신부 심칙관沈則寬은 이와는 별도로 상해 자모당慈母堂에
서 『고려치명사략』을 펴냈다. 지금부터 약 120년 전이다. 조선
천주교회의 치명사, 즉 순교사를 모두 23장에 나눠 정리했다. 심
칙관 신부는 이 책의 서문에서 자신이 1870년대 상해에서 『성
심보聖心報』라는 이름의 천주교 월간 잡지 일을 보면서, 조선 천
주교회의 순교 사실에 대해 여러 차례 기고했다고 썼다. 이를 읽
은 벗들이 간행을 권해 그는 이 책을 썼다. 당시의 『성심보』 영
인본을 구해볼 수 있다면 좀 더 상세한 정황 파악이 가능할 듯하

나, 나의 공부가 아직 여기까지는 도달하지 못했다.

심칙관 신부의 형님은 심칙공沈則恭 신부였다. 그는 1871년 중국 상해의 자모당에서 『관광일본觀光日本』 2권 1책을 펴냈다. 내용은 일본 천주교회 순교자들에 관한 것이었다. 책에는 임진 왜란 때 일본에 끌려간 조선인으로 천주교인이 되어 순교한 오타 줄리아太田 儒立亞 같은 조선인 순교자의 이야기도 상세하게 수록되어 있었다. 심칙관 신부는 형님 신부가 정리한 300년 전 일본 천주교 순교자들의 이야기도 중요하지만, 조선인의 순교 는 불과 30-40년 전 일이고, 이 중 김육품金六品 같은 사람은 자 신들이 직접 만나보았으며, 주문모 신부는 자기 고향 사람이기 도 하니 이를 소개하지 않을 수 없다고 썼다.

1900년은 중국 대륙 전체에 의화단義和團의 난으로 불리는 광 풍이 휘몰아치던 때였다. 당시 서태후西太后는 서양인을 물리치 려는 속셈으로, 의화단이 선교 시설을 불태우고 천주교 신부와 수만 명의 신자들을 학살하는 것을 방조 묵인했다. 이 광란의 폐 허 위에서 중국 사제들은 신자들이 조선 교회의 모범을 따라 시 련 속에서도 신앙을 더욱 굳건히 세우기를 바라, 여러 어려운 여 건 속에서도 이 순교사를 펴냈다.

두 책은 성격이 사뭇 달랐다. 『고려주증』은 달레의 『조선천주교회사』를 인명별로 정리해 순교자 사전처럼 묶었다. 다만 달레의 알파벳 표기로 유추하는 바람에 대부분의 인명 표기가 오류 투성이다. 반면 심칙관의 『고려치명사략』은 통사 체계로 썼지만 달레의 책과 내용에서 일정한 차이가 있고 인명 표기도 비교적 정확하다.

실제로 『고려치명사략』에는 달레의 『조선천주교회사』에 안 나오는 사실들이 더러 눈에 띈다. 권철신이 5형제였고, 권일신은 그중 셋째라 권삼權三이라 불린 사실은 실제 족보 내용과 부합하나 달레의 책에는 없다. 또 김대건 신부 관련 내용에 등장하는 김육품이란 인물의 존재도 다른 데서는 찾지 못했다. 이는 『고려치명사략』이 집필 과정에서 달레의 책 외에 다른 소스를 활용했다는 의미다. 기술 내용도 『고려주증』과 확실히 차이 난다. 중국뿐 아니라 국내에서조차 이 두 책에 대한 연구 논문이 단 한 편도 제출되어 있지 않은 것은 천만뜻밖이다.

권일신 편지의 행방

『고려치명사략』 제3장은 「고려 신자들이 스스로를 신부로 천거하다高麗信人自擧司教」이다. 이에 따르면 1785년 이벽과 이승훈이 배교한 뒤 권일신과 이존창 등이 모여 교회 지도자를 선출하고, 제반 업무를 총괄하게 하기로 했다. 이에 권일신을 주교로 삼고 이존창과 몇 사람의 교우를 신부로 삼아 이 신부들이 각자 한 지역을 전담하여 영세와 견진성사 등을 시행하기로 하였다. 하지만 이 같은 행동이 큰 죄가 됨을 알게 된 뒤 권일신은 큰 의혹에 빠져 어찌할 바를 몰랐다. 이에 이들은 북경의 주교에게 편지를 보내기로 했다. 윤유일은 북경에 가서 주교의 처소를 찾아가 권일신의 편지를 올렸다. 편지를 본 주교는 천주께 큰 감사를 올리고 권일신이 질문했던 물음에 대해 하나하나 답장을 해주었다.

『고려치명사략』에는 달레의 『조선천주교회사』와 달리, 이 대목 어디에도 이승훈의 이름이 등장하지 않는다. 북경에 보낸 편지 또한 권일신이 발신자로 나온다. 달레의 『조선천주교회사』와 1801년 주문모 신부의 공초 기록에도, 1790년 2차 북경 방문 당시 윤유일이 권일신과 이승훈의 편지 두 통을 들고 왔다고 적혀 있다. 어쨌거나 권일신의 이름으로 된 편지가 있었던 것이 분명한데, 현재 이 편지는 소재와 내용을 알 수 없다.

『고려치명사략』으로 보아 당시 중국 교회는 윤유일을 특사로 보낸 주체를 이승훈이 아닌 권일신으로 분명히 인지하고 있었다. 당시 이 서한은 조선 천주교회 집행부의 판단 아래 공식적으로 작성되었고, 설령 이승훈이 집필자로 이름을 올렸더라도 실제 쓴 사람은 그가 아니었을 개연성이 높다. 이승훈이 집필자를 다산으로 지목한 것은 이 같은 상황에 대한 증언인 셈이다. 1788년 9월 다산이 이승훈을 찾아간 일이나, 그 후의 여러 정황에 비춰 북경으로 간 편지는 다산이 권일신의 지시에 따라 중의를 담아 썼을 것으로 판단된다.

악마의 편집 『만천유고』

초기 천주교회 사료 속의 『만천유고』

1789년과 1790년에 북경으로 보낸 이승훈의 편지가 그 자신이 쓰기 어려웠다는 정황은 또 있다. 윤유일이 북경 체류 중 영세할 때 대부였던 판치 수사는 1790년 11월 11일(양력)에 마카오 포교성 장관에게 편지를 보냈다. 이 글에서 판치 수사는 "그(이승훈)의 아버지는 그가 많은 사람에게 세례를 준 것을 불만스럽게 여겨 그를 감옥과 같은 곳에 가두었고, 현재까지 그를 계속 가두고 있다고 합니다"라고 썼다. 윤유일과의 필담 내용을 전한 것이다.

이 글에 따르면 1789년 윤유일의 출국 당시까지 이승훈은 부친 이동욱에 의해 감금 상태에 놓여 감시받고 있었다. 1788년 9월 초에 다산이 계산촌으로 이승훈을 찾아갔던 것도 이 감금과 무관치 않을 것이다. 연금 상태에서 감시를 받던 처지의 이승훈이 조선 교회를 대표해 북경에 서신을 보낼 형편이 못되었을 것은 분명하다. 판치 수사의 편지는 당시 북경 교회에서 이승훈의 편지가 대필이었음을 알고 있었다는 뜻이기도 하다.

마지막 공초에서 이승훈이 북경으로 부친 편지가 정약용이 자신의 이름을 무단으로 써서 보낸 것이라고 한 말은, 단순한 발뺌이나 책임 전가이기보다 이 같은 맥락에서 보는 것이 합리적이다.

한편 이승훈의 문집으로 알려진 『만천유고蔓川遺稿』란 책이 있다. 만천은 이승훈의 호로, 무악재에서 발원해 독립문과 염초교를 지나 청파동 남쪽으로 흐르던 샛강이었다. 넝쿨 풀이 많이 자라 우리말로 덩굴내로도 불렸다. 이동욱의 서울 집이 이 근처에 있었다. 『만천유고』는 현재 숭실대학교 기독교박물관에 소장되어 있다. 앞뒤로 천주가사와 기타 잡기가 실려 있고, 중간에 『만천시고蔓川詩薰』라 하여 이승훈의 한시 70수를 수록한 필사본이다. 이 책의 존재는 1967년 8월 27일자 『가톨릭시보』 제582호 기사를 통해 처음 알려졌다.

당시 김양선 목사가 수집해 숭실대에 기증한 초기 천주교회
사 관련 자료는 모두 12종이었다. 『만천유고』는 그중 하나였다.
이 책 속에 이벽이 지었다는 『성교요지聖教要旨』가 들어 있었다.
『성교요지』는 시경체의 장편 4언 고시로 복음과 천주교의 교리
를 압축해 소개하고, 주석까지 단 놀라운 내용이었다. 『성교요
지』의 한글본이 따로 있었고, 일부 몇 글자의 차이가 있는 『성교
요지』가 하나 더 있어 자료의 신뢰감을 높였다.

그간 『만천유고』 속 『성교요지』는 교회사 연구 초기부터 주
목받아 이를 주제로 박사가 여럿 배출됐고, 이를 풀이한 단행본
만 해도 여러 종류다. 하지만 『만천유고』의 주인공이라 할 이승
훈의 한시 70수에 대해서는 이렇다 할 논의가 이뤄지지 않았다.

악마의 편집

서종태 교수는 2016년 6월 16일, 수원 교구에서 개최한 『만천
유고』와 『성교요지』 관련 심포지엄에서 『만천시고』에 수록된
70수 중 이승훈의 저작으로 단정할 수 있는 시가 단 한 편도 없
다는 흥미로운 연구 결과를 발표했다. 홍석기(洪錫箕, 1606-1680)의

『만주유집晚洲遺集』에 버젓이 실린 두 수의 시가 슬쩍 끼어든 것까지 찾아냈다. 게다가 여타 작품 속에는 20대 후반의 이승훈이 지은 것으로 볼 수 없는 노년의 심회를 표출한 작품이 많이 포함되어 있었다.

결론부터 말해 이 시집은 의도적으로 여러 사람의 시집을 짜깁기해서 엮은, 대단히 교활한 악마의 편집이다. 이승훈의 한시는 단 한 수도 없다. 내가 확인해보니, 시고 70수 중 뒷부분에 수록된 「계상독좌溪上獨坐」부터 마지막 「양협노중楊峽路中」에 이르기까지 무려 21제 26수가 통째로 양헌수(梁憲洙, 1816-1888) 장군의 『하거집荷居集』 권 4에서 가져왔다. 양헌수는 1866년 병인양요 때 정족산성 수성장守城將으로 프랑스군을 패퇴시켰던 무장이다. 이승훈이 죽고 15년 뒤에 태어난 양헌수의 시가 통째로 이승훈의 작품으로 끼어들었다.

『만천시고』에는 「밤에 이덕조와 함께 달구경을 하다가 당시 절구의 운을 차운하여 짓다夜與李德操玩月次唐絕韻」 2수가 실려 있다. 이벽이 아직 살아 있을 때 함께 달구경을 하며 지은 시다. 하지만 『하거집』에는 이 작품의 제목이 「밤에 취정 이문경 복우와 함께 달구경을 하다가 당시 절구의 운을 차운하여 짓다夜與翠庭李聞慶福愚玩月次唐絕韻」로 나온다. 사람 이름만 슬쩍 바꿔치기했다.

이뿐만 아니라 다산의 고향 집 인근의 우천과 마현, 양협 등의
지명이 등장하는 시를 배치하여 이승훈의 시임을 의심치 못하
게 했다.

『만천유고』 끝에 무극관인無極觀人이란 이가 쓴 발문이 실려
있다. 발문은 이렇다.

평생 옥에 갇혔다가 세상에 나와 죽음을 면한 것이 30여 해이
다. 강산은 의구하고 푸른 하늘과 흰 구름은 그림자가 변함이
없건만, 선현과 지구知舊는 어디로 가버렸는가? 목석같이 겉도
는 신세로 거꾸러진 처지 가운데 전전하고 있다. 아! 뜻하지 않
게 세상을 떠난 만천 공의 행적과 여문儷文이 적지 않았으나, 불
행하게도 불에 타버려 원고 하나도 얻어볼 수가 없었다. 천만뜻
밖에 시詩와 잡록 등의 조각 글이 있는지라, 못 쓰는 글씨로 베
껴 쓰고는 『만천유고』라 하였다. 봄바람에 언 땅이 녹고, 마른나
무가 봄을 만나 새싹이 소생하는 격이라고나 할까? 이 또한 하
느님[上主]의 광대무변한 섭리이다. 우주의 진리가 이와 같고, 태
극이 무극이 되니, 깨달은 자는 이로써 하느님의 뜻을 이을진저.
무극관인.

무극관인은 앞선 여러 연구자들이 다산 정약용이 틀림없다고 특정했다. 옥에 갇혔다 죽음을 면하고 살아남아 30여 년을 살았고, 이승훈과 막역한 사이였으며, 하느님의 광대무변한 섭리를 말할 수 있는 사람은 다산 외에 다른 사람을 찾기가 어렵다. 하지만 한문 문장이 어설프기 짝이 없다. 게다가 양헌수의 『하거집』을 베낀 것이 드러난 이상 무극관인의 발문은 당연히 터무니없는 가짜다.

이 글은 의도적으로 다산이 쓴 것처럼 보이게 하려 애를 썼다. 다산은 예전 천주교 교리를 처음 접한 뒤 "마치 은하수가 끝없는 것만 같았다若河漢之無極"라고 쓴 바 있다. 그러면 무극관인은 그 무극을 본 사람이란 뜻이 되기 때문이다.

결론적으로 이승훈의 『만천유고』 속 『만천시고』는 전체 70수 중 절반가량이 다른 사람의 시를 절취해 가져온 가짜 시집이다. 나머지 밝혀지지 않은 작품도 용인과 광주 인근에 살던 문인의 문집에서 베낀 것임에 틀림없다. 나머지 부분의 원작자가 밝혀지는 것은 시간문제라고 본다. 떠들썩한 등장과 눈부신 조명에 비해 그 끝이 너무 허망하다.

허점투성이의 가짜

그간 천주교회 내부에서도 『만천유고』와 『성교요지』의 위작설에 대한 문제 제기가 꾸준히 있었다. 2014년 윤민구 신부가 『초기 한국천주교회사의 쟁점 연구』란 책에서 김양선 목사가 일제강점기에 구입해 보관하다가 기증한 『만천유고』와 『이벽전李蘗傳』, 『유한당언행실록柳閑堂言行實錄』 등의 저술이 모두 가짜임을 밝혔다. 입론과 논거가 타당해 이론의 여지가 없다.

그런데 더 놀라운 사실이 밝혀졌다. 2019년 5월 18일 아시아 기독교사학회에서 발표된 한 편의 논문이 『만천유고』에 수록된 이벽의 『성교요지』 논란에 완전한 종지부를 찍었다. 김현우, 김석주의 공동 연구에 따르면 『성교요지』는 애초에 이벽의 작품이 아니라, 미국 선교사로 북경에서 활동한 윌리엄 마틴(William A. P. Martin, 중국명 정위량丁韙良, 1827-1916)이 쓴 *The Analytical Reader: A Short Method for Learning to Read and Write Chinese*(『認字新法 常字雙千』)란 책에 수록된 『쌍천자문雙千字文』과 동일한 내용이었다. 본문의 일부를 발췌했고, 심지어 주석까지 일치했다. 이벽이 죽은 지 40년 뒤에 태어난 마틴이 상하이에서 1863년에 펴낸 책이다. 개정판이 1897년에 나왔으니, 아마도 『만천유고』의 위작자는 기독교 계통의 문헌 정보에 소상한 인물로 20세기 초에 이 책을 바탕으로 『성교요지』를 옮겨 적고, 양헌수 장군의 시집 등을 교차편집해서 『만천유고』를 위작한 것이다.

이 밖에 숭실대 기독교박물관에 소장된 김양선 목사가 수집한 초기 천주교회사 관련 일체의 사료는 전부 일제강점기에 어떤 목적 아래 의도적으로 만들어진 가짜다. 이 중 한글 소설 『니벽전』은 주인공이 이벽이다. 자료적 가치를 인정받아 영역본까지 간행된 이 소설은 종말론과 재림 예수 신앙이 녹아든 말 그대로 근세 시기 종말 신앙의 산물이다. 소설의 구성과 내용이 미륵하생이나 후천개벽을 말하는 일제강점기 유사종교의 화법과 흡사하다. 어디까지나 소설이니 이 또한 역사 사실과 혼동하면 절대로 안 된다. 소설의 필사자로 등장하는 정학술丁學述은 다산의 아들 대인 학學 자 돌림의 인물인 것처럼 꾸몄지만, 이 역시 날조된 허구 가공의 인물일 뿐이다.

이들 위작은 도처에 허점투성이다. 같은 컬렉션 속에 들어 있는 이벽과 그 부인의 영세 명패가 있다. 소위 그 명패에는 '이약망벽李若望蘗'으로 새겼다. 이벽의 세례명은 세례자 요한이다. 한자로는 약한若翰으로 써야 맞다. 사도 요한은 구분을 위해 한자로 약망若望이라 적는다. 이벽은 약한인데 혼동해서 약망으로 잘못 썼다.

대체 누가 무슨 의도에서 이 같은 가짜 세트를 만들었을까? 이것은 흥미로운 연구 주제다. 1930년대 유난히 기승을 떨던 유사종교 집단과 무관치 않다. 토착 신앙뿐 아니라 메시아니즘의 치장을 두른 『정감록』 계통 신앙 전파 세력과도 모종의 관련이 있으리라고 본다. 단지 돈 몇 푼을 벌자고 이런 노력을 기울이지는 않는다. 별도의 깊은 연구가 요구된다. 어쨌거나 『만천유고』와 『성교요지』 등이 명백한 가짜임이 밝혀진 이상 천주교회에서 이후 이들 자료에 기초한 어떤 종교적 신앙 행위도 용납되어서는 안 된다. 이 바탕 위에 성립된 천주교 천진암 성지도 허구다.

다산에게도 비슷한 일이 있었다. 1988년 10월 12일 모 일간지에 다산 인장 26점의 발굴 기사가 대서특필되었다. 추사의 제자 오규일吳圭一의 각으로, 큰 것은 돌 하나에 140킬로그램이나 나가는 것도 있다고 했다. 새겨진 인문은 '천주天主'를 비롯해 '정약용약한丁若鏞約翰', '정씨약한丁氏約翰' 등 천주교와 관련된 것들이 많았다. 측면에는 성모마리아상까지 새겨놓았다. 다산 사후에 오규일이 다산 선생을 기려서 팠다고 하는데, 죽은 사람의 인장을 새기는 법도 있던가?

여기서도 결국 약망에서 꼬리가 밟혔다. 다산의 본명은 요한,

즉 약망이다. 그런데 이번에는 개신교 성경의 표기를 따르는 바람에 약한으로 잘못 새겼다. 그 결과, 생각 없이 만든 가짜임을 스스로 증명했다. '천진암'이라 새긴 인장까지 포함된 것으로 보아 이들 인장은 천진암 성지가 개발되던 1980년대 초에 이곳에 팔아먹으려고 만든 것이다.

가짜 책, 가짜 인장으로 역사를 조작할 수 없다. 특별히 『만천유고』와 그 가운데 실린 『성교요지』는 그간 너무 소모적인 논쟁을 야기했다. 이 책이 나온 1930년대에는 대종교 계통의 『규원사화葵園史話』와 『환단고기桓檀古記』, 유교 쪽의 『화해사전華海師傳』, 그 밖에 수많은 위서들이 출현했다. 이들 책 또한 한때 세상을 떠들썩하게 했다가 흔적 없이 사라졌다. 개중에는 이제껏 막강한 위력을 발휘하고 있는 것도 있다.

1988년 다산의 것이라고 주장되었던 인장. 측면에는 성모마리아
상까지 새겨놓았으나 가짜인 것으로 밝혀졌다.

해미 유배와 온양 행궁

사직과 해미 유배

1790년 1월 19일, 정조는 지난해 10월에 물러났던 채제공을 좌의정에 앉혔다. 그러고는 2월 7일, 그와 함께 수원으로 행차하여 지난해에 이장한 아버지 사도세자가 묻힌 현륭원顯隆園을 참배했다. 변화의 기운이 무르익고 있었다. 노론은 바짝 긴장했다.

1789년과 1790년, 조선 교회의 특사 윤유일이 두 차례에 걸쳐 북경을 오가는 사이에 다산은 드러나지 않게 교회 일을 살폈다. 그 와중에 초계문신으로 시험을 치르고, 1789년 주교舟橋, 즉 배다리 설계에도 참여했다.

다산은 1790년 2월 말, 희정당에서 치러진 한림소시翰林召試에 뽑혀 예문관 검열檢閱에 단독으로 추천되었다. 예문관 검열은 정9품이나, 승지와 함께 왕의 측근을 지키면서 왕명을 대필하고 사실史實을 기록하는 사신史臣으로, 이른바 학문과 덕망이 높은 사람만 앉을 수 있는 청요직淸要職에 해당했다. 다산을 측근에 두려는 임금의 의중이 담긴 인선이었다.

하지만 다산은 왕명을 받고 하룻밤 숙직하고는 이튿날 곧바로 사직상소를 올린 후 대궐을 나와버렸다. 왜 그랬을까? 남인인 다산을 왕의 측근으로 둘 수 없다고 판단한 노론의 대간臺諫들이 격식에 안 맞는다며 임명 취소를 청하였기 때문이다. 정조는 다산 카드를 그대로 밀어붙였다. 그런데 정작 다산이 상소문을 올리고 대궐을 나가버렸다. 임금이 역정을 냈다.

사헌부의 탄핵 글이 올라온 이상, 사직소를 올리는 것은 당시의 관례였다. 하지만 임금의 뜻이 워낙 강경했다. 다산도 고집을 꺾지 않았다. 3월 1일에 올린 「한림원을 사직하는 상소辭翰林疏」에 이어, 이튿날인 3월 2일에 「한림원을 사직하는 두 번째 상소辭翰林再疏」를 연이어 올렸다. 다산은 이 글에서 임금을 측근에서 모시는 예문관의 직분이 지극한 영광이지만, 사헌부가 탄핵하고 공론의 꾸짖음이 있는 이상, 나라의 전례를 어길 수 없고, 임금에게 누를 끼칠 수 없다고 썼다.

『다산시문집』에 실린 두 번째 상소문의 끝에 다산은 작은 글씨로 이런 주를 달았다.

갑과甲科는 본래 한림권점翰林圈點에 아무런 문제가 없다. 하지만 이때 대간이 내가 갑과 출신으로 권점에 뽑혔다고 하여 격식에 어긋난다고 말했다.

사헌부의 주장이 자신의 입사入仕를 막으려는 생트집임을 익히 알고 있었다는 얘기다.

정조는 다산을 곁에 두고 싶었다. 1789년의 배다리 설치 때뿐 아니라, 자신이 구상 중이던 화성 건설에서도 그는 활용할 구석이 많은 인재였다. 다산이 계속 말을 안 듣자 정조는 이제 막 새로 벼슬길에 오른 소관小官이 임금의 교지를 두고 어찌 이처럼 방자하게 행동하느냐며 화를 벌컥 냈다. 3월 7일에는 다산의 죄를 물어 충청도 해미海美로 유배를 보내라는 명이 떨어졌다.

다산은 3월 10일에 도성문을 나서, 3월 13일에 해미에 도착했다. 하지만 싱겁게도 열흘 만인 3월 22일에 바로 해배 명령이 도착했다. 다산은 당일로 짐을 싸서 상경했다. 열흘간 유배 소동의 행간을 살펴보면 일종의 정치적 쇼라는 생각이 든다. 다산이 한사코 부임을 거부한 것이나, 정조의 분노를 실은 유배 명령이 다 그렇다. 사헌부가 반대하니 벼슬에 안 나간다. 당장 안 나오면 귀양 보내겠다. 그래도 못 나간다고 끝까지 버티면, 임금은 그 죄를 물어 귀양을 보낸다. 그런 다음 바로 불러올려 앞서보다 더 높은 자리에 임명한다. 귀양으로 이미 한 차례 명분이 축적된 데다, 매번 발목을 잡아챌 수 없어 이때는 큰 저항이 없다. 열흘 만에 풀린 다산의 해미 유배는 다분히 반대파에 재갈을 물리기 위한 명분 축적용이었던 셈이다.

덤불 속의 사도세자

이때 다산의 동물적 정치 감각을 보여준 또 하나의 일화가 있다. 3월 23일, 다산은 상경길에 옴을 치료하려고 온양온천에 들렀다. 30년 전인 1760년에 사도세자가 이곳에 납신 적이 있었다.

탕인湯人, 즉 목욕장을 관리하던 자에게 다산이 당시 일을 묻자 한 노인이 나서더니 말했다.

"그때 동궁께서 행궁서 주무실 때 일이었습지요. 금군禁軍의 말이 백성의 수박밭을 마구 짓밟아 수박이 다 깨져 남아난 것이 없었습니다. 동궁 저하께서 그 일을 들으시고는 전부 값을 쳐서 보상해주게 하시고는, 남은 수박을 금군들에게 내리셨답니다. 환성이 우레와 같았었지요."

노인이 말을 이었다.

"동궁께서 온천 서편 담장 아래에 과녁을 설치하시고 활을 쏘신 뒤 기분이 상쾌하다 하시며, 이곳에 단을 쌓아 홰나무 한 그루를 심게 하셨는데 그 나무가 지금도 남아 있답니다."

다산이 그 나무를 찾아가 보니, 덤불에 뒤덮인 채 옹이가 져서 키도 크지 않은 상태였다. 아무도 돌보지 않아 칡넝쿨이 가지에 얽히고, 기와 조각과 똥 덩어리 등이 지저분하게 쌓여 있었다.

다산이 분통을 터뜨렸다.

"너희가 잘못했다. 어찌 동궁께서 손수 심으신 나무를 이처럼 황폐하고 지저분하게 내버려두었느냐? 단을 쌓으라는 명이 있었는데도 이럴 수 있느냐? 당장 돌을 줍고 풀을 베고 정돈해라."

탕인이 바로 관아로 달려가서 고했다.

"정 한림께서 이곳에 들러 괴대槐臺가 잡초에 덮여 지저분하게 된 죄를 엄하게 나무라고 갔습니다."

관에서 놀라 뒤늦게 홰나무 주변을 정돈하고 단을 쌓았다. 보고가 올라가자, 정조가 기뻐하며 그곳에 영괴대靈槐臺란 이름을 내리고 비석을 세웠다. 비석에는 사도세자의 은혜로운 일과 덕담을 새겨 넣었다. 사도세자는 원래 백성을 아낄 줄 알았던 임금의 재목이었다. 그런데 동궁께서 손수 심은 홰나무는 칡넝쿨에 덮이고 돌무더기 똥 덩어리 속에 파묻혔다. 이를 드러내 깨끗이 정돈하고, 그 아름다운 사적을 기리는 것은 신하로서 당연히 해야 할 도리가 아닌가?

미치광이로 몰려 뒤주에 갇혀 죽었던 비운의 세자가 이렇게 애민의 상징이 되어 귀환했다. 잡초 덤불과 오물에 덮여 아무도 거들떠보지 않던 황량한 땅에 비각이 들어서고 임금이 친히 지은 글이 돌에 새겨졌다. 아이들이 올라타고 옹이가 져서 꾀죄죄하던 나무는 나라에서 관리하는 보호수가 되었다. 국가에서는 기록화로 그려 그 현상을 기억했다. 당시 성소의 의중과 맞물려 이 일은 참으로 절묘한 상징적 장면을 연출했다.

온양 행궁의 홰나무

다산은 정조의 가려운 데를 쏙쏙 긁어주었다. 시키지 않은 예쁜

짓이었다. 지금 온양관광호텔 온천장 입구에 정조가 이때 세운 비석이 서 있다. 영괴대의 자취도 보존되었다. 다산의 이 일화는 사라진 책 『균암만필』에 실렸던 내용으로, 『사암연보』 속에 발췌되어 있다.

다산은 생색내지 않고 시 한 수만 남겼다. 제목이 길다. 「온양 행궁에 장헌세자께서 손수 심은 홰나무 한 그루가 있다. 당시 단을 쌓아 그늘을 드리우게 하였는데, 세월이 오래되어 나무는 옹이가 지고, 단도 보이지 않아 구슬피 짓는다溫宮有莊獻手植槐一株, 當時命築壇以俟其陰, 歲久擁腫, 壇亦不見, 愴然有述」이다.

온양 행궁 안쪽에 한 그루 홰나무	溫泉宮裏一樹槐
오랜 세월 잡초 덮여 덤불에 묻혀 있네.	歲久蕪蕪沒蒿萊
외넝쿨 새삼 덩굴 괴롭게 서로 얽혀	瓜蔓兔絲苦相紏
뜻과 기운 답답해라 겨우 한 길 자랐구나.	志氣鬱抑長丈纔
마른 가지 뻣뻣하고 둥치는 옹이 져서	枯條澁勒幹擁腫
그 옛날 동궁께서 손수 심음 누가 알리.	誰識儲君舊手種
동궁께서 이곳에서 곰 과녁을 쏘실 적에	鶴駕於此射熊帿
강철 살촉 다섯 발이 모두 눈알 꿰뚫었네.	鐵鏃五發皆貫眸
이에 귀한 나무 심어 그 땅을 표시하고	爰植嘉木表其地

섬돌 쌓아 단 만들라 명하여 두시었지.	且令砌石爲壇壝
긴 가지 푸른 구름 스침을 함께 보며	會見脩柯拂雲青
짙은 그늘 뜨락 가득 푸를 것만 같았었지.	擬有濃陰滿庭翠
푸른 깃발 한번 가곤 아무런 소식 없자	蒼旂一去無消息
참새 떼 짹짹대며 밤중에 모여든다.	鳥雀啾啾聚昏黑
가지 온통 아이들의 기어오름 당하니	杈枒總被衆兒攀
기왓장 자갈돌을 누가 한번 치웠던가?	瓦礫何曾施一彎
구슬피 서성이며 자리 뜨지 못하다가	彷徨惻愴不忍去
얽힌 것 직접 뜯어 울 너머로 내던졌네.	手決纏縛投籬間
아! 이 나무를 그 누군들 안 아끼리	嗚呼此樹誰不愛
너희는 꺾거나 휘어서는 아니 되리.	戒爾勿剪且勿拜
내 장차 돌아가서 임금께 아뢰어서	吾將歸去奏君王
이 나무 천년 길이 존귀하게 하고 말리.	此樹尊貴長千載

다산은 한 수의 시로 덤불에 가려지고 오물에 묻혔던 사도세자의 가치를 부활시켰다. 미치광이로 몰려 뒤주에 갇혀 죽은 사도세자의 명예 회복이 착착 진행되고 있었다. 임금의 노여움을 입고 떠난 유배지에서 다산은 열흘 만에 개선장군처럼 돌아왔다.

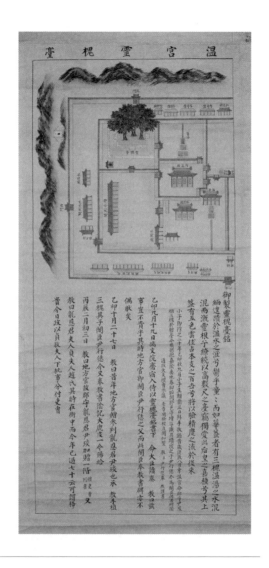

온양 행궁의 영괴대와 관련 사실을 적은 기록화. 국립중앙박물관 소장.

왕실로 스며든 천주교

『중국소설회모본』에 남은 사도세자의 마지막 친필

사도세자 이야기를 좀 더 해야겠다. 사도세자는 1760년 7월 18일에 출발해, 8월 4일에 환궁했다. 당시 사도세자는 화증이 극에 달해, 부인 혜경궁 홍씨에게 바둑판을 던져 왼쪽 눈을 크게 다치게 하는 일까지 있었다. 혜경궁은 통제가 안 되는 세자의 광태狂態에 생명의 위협을 느꼈다. 『한중록閒中錄』에서 그녀는 "하늘 같은 남편이 아무리 중하다 해도 나 역시 목숨을 언제 마칠지 몰라 너무도 망극하고 두려워, 한마음으로 오로지 경모궁 뵙지 않기만을 원하였으니, 경모궁께서 온양 거둥하신 사이라도 뵙지 않음을 다행히 여기더라"라고 썼을 정도였다.

막상 길을 나선 사도세자는 행렬이 민폐를 끼치지 못하게 엄히 단속했고, 백성에게도 위엄과 은혜를 드러내 행차 내내 백성들의 칭송을 받았다. 이 모습을 본 백성들이 항간에 퍼진 세자가 미쳤다는 소문도 모함이 분명하다고 했을 정도였다. 이 기억은 2년 뒤인 1762년 윤5월에 세자가 뒤주에 갇혀 참혹하게 죽으면서 잊혔다. 그것을 다산이 30년 만에 꺼내 되살려낸 것이다. 1789년 10월 7일, 양주 배봉산에 있던 사도세자의 무덤 영우원을 수원 화성의 현륭원으로 옮긴 지 얼마 안 된 시점이어서 타이밍이 절묘했다.

국립중앙도서관에 소장된 『지나역사회모본支那歷史繪模本』이란 책이 있다. 이 제목은 뒤에 표지를 바꾸면서 일본인이 붙인 것이다. 책 앞쪽에는 궁궐의 장춘각藏春閣과 여휘각麗暉閣에서 1762년 윤5월 초9일에 완산完山 이씨李氏가 쓴 「서序」와 「소서小敍」가 실려 있다. 화원 김덕성金德成 등 몇 사람을 불러 중국 소설 속에 나오는 삽화 중에 교훈이 될 만한 것을 베껴 그리게 해서 책으로 묶은 것이었다. 실제로는 『중국소설회모본中國小說繪模本』이 바른 제목이다.

그간 이 글을 쓴 완산 이씨의 정체를 두고 여러 주장이 있었다. 하지만 서울대 정병설 교수의 논증으로 이 글씨가 사도세자의 친필이고, 그 시점도 뒤주에 갇히기 불과 나흘 전이라는 사실이 밝혀졌다. 실제로 이 글은 사도세자의 문집인 『능허관만고凌虛關漫稿』 권 6에 「화첩제어畵帖題語」와 「후제後題」란 제목으로 그대로 실려 있다. 다만 문집에 실리는 과정에서 문제가 될 만한 내용에 대한 검열 삭제가 있었고, 원문도 핵심만 간추려 실었다.

병증으로 속이 답답했던 세자는 소설에 탐닉하여 답답함을 견디려 했던 듯하다. 「서」에서 세자는 "무릇 한 권 안에 역대의 일을 모두 갖추었으니 봄날과 겨울밤에 병을 구하고 적막함을 구하거나 소일하는 데 일조하기에 충분하다凡一卷之內, 歷代悉備, 可足春日冬夜, 求病求寂, 一助消日也夫"라고 썼다. 「소서」에서는 "책머리에 서문을 쓰고 또 끝에 소발小跋을 지어 후대의 자손에게 전하니 아무렇게나 보지 말라引書序十首, 又作小跋于末, 以傳後之子孫, 其勿泛看也夫"라고도 했다.

사도세자, 『성경직해』와 『칠극』을 읽다

사도세자는 특별히 「소서」에 자신이 즐겨 읽어 답답한 마음을 풀었던 소설책 등 모두 93종의 서명을 죽 나열했다. 이 책이 진작부터 주목받았던 것은 여기 적힌 소설책 목록 때문이었다. 당시 인기 높던 소설책이 모두 망라되어 있던 까닭이다.

사도세자는 자신이 본 소설책의 목록을 대조목大條目과 소조목小條目, 대중소질大中小秩과 음담괴설淫談怪說 등 모두 네 가지 범주로 나눠서 적었다. 이 중 '소조목'에 속한 책 이름 가운데 놀랍게도 『성경직해聖經直解』와 『칠극』이 들어 있다. 세자는 이 두 책을 패관소사稗官小史의 하나로 본 듯이 썼지만, 조선에서 훗날 천주교 교리서의 핵심적 지위를 차지한 이 두 책이 당시에 이미 세자의 거처에 놓여 읽힌 것은 놀랍다.

『성경직해』는 1636년 북경에서 초간된 포르투갈인 예수회 선교사 디아스(Emmanuel Diaz, 중국명 양마낙陽瑪諾, 1574-1659)가 쓴 복음 해설서다. 주일미사에 읽을 신약 4복음서의 내용을 한문으로 번역하고 주해를 단 책이다. 성경이 번역되기 전 초창기 신자들은 이 책을 통해 성경을 접했다. 미사와 각종 축일에 읽을 성경 부분이 번역된 책을 보면서, 사도세자는 대체 무슨 생각을 했던 걸까? 이때는 최초의 천주교 모임인 1785년의 명례방 추조적발 사건이 있기 23년 전이니, 사도세자가 읽었던 『성경직해』는 당연히 한문본일 수밖에 없다.

이재기의 『눌암기략』에 나오는 다음 단락이 특히 흥미롭다.

이윤하가 일찍이 서학서가 대궐 안에 또한 이미 유입되었다고 얘기했다. 내가 따끔하게 그를 나무라며 말했다. "대궐 안의 일을 그대가 어떻게 안단 말인가?" 이 뒤로는 이윤하가 나를 대하면 감히 입을 열지 못했다. 하지만 이것은 저들의 무리가 늘 하는 얘기였다. 신유년(1801)에 정약종이 돌아가신 임금을 무함 잡은 것만 봐도 알 수가 있다. 사학에 물든 죄는 버려두고라도 이한 가지만으로도 죽음을 용서받을 수 없다고 말할 만하다.

이윤하는 성호 이익의 외손자로 1785년 명례방 추조적발 당시에 참석했던 인물이다. 그는 녹암 권철신의 누이동생과 결혼했다. 이윤하는 서학을 배척하는 입장에 선 이재기에게 천주교를 자신들만 믿는 것이 아니라, 대궐에서도 믿으니 크게 문제 될것 없다는 취지로 허물없이 말을 했던 모양이다. 이재기는 그를 꾸짖은 일을 적고, 천주교를 믿는 자들에게서 이 같은 말을 늘들었다고 썼다. 그러면서 1801년 2월 12일 정약종이 추국을 당할 때 돌아가신 정조 임금을 무함 잡았다는 사실을 지적했다. 전후 문맥으로 보아, 대궐 안에 이미 천주교가 깊이 침투해 있었고,

정조 또한 이를 알고 있으면서 방조했다는 의미로 보인다.

최익한은 1938년 「『여유당전서』를 독함」에서 뜻밖에도 정조의 친모 혜경궁 홍씨가 서교 신자였다는 항간의 전언을 언급했다. 몇 해 뒤 일이기는 하지만, 정조의 친동생인 은언군恩彦君 인裀의 아내 송씨와 그 아들 담湛의 처 신씨도 1801년 천주교를 믿어 외인과 몰래 왕래한 것이 발각되어 처형당했다. 궐내에 암암리에 침투한 천주교에 대한 풍문은 당시 이미 공공연한 비밀처럼 발설되고 있었다. 이에 대해서는 나중에 따로 살펴보겠다.

어쨌거나 천주교 신앙이 사회문제로 부각되기 근 30년 전에 이미 사도세자가 궁중에서 『성경직해』와 『칠극』을 읽고 있었다. 다산이 궐내에서 정조와 함께 노아의 방주 이야기가 나오는 책을 본 일 등과 맞물려볼 때, 서학서는 진작 대궐 심층부에 들어와 있었고, 정조 또한 이를 공론화해 문제를 키울 생각이 없었다.

순탄한 벼슬길

사도세자의 묻힌 자취를 들고 1790년 3월 25일경 상경한 다산은 초계문신 시험에 참여하는 한편, 5월 3일에 김이교金履喬와 함께 예문관 검열에 다시 추천되었다. 다산은 세 번째 사직상소를 올렸고, 한 번 더 명분을 쌓은 정조는 5월 5일에 품계를 다섯 단계 뛰어넘어 다산을 종6품 용양위 부사과副司果로 임명했다.

정3품 하계下階 이하의 관직인 당하관堂下官에서 6품 이상을 참직參職 또는 참상직參上職이라 하고, 7품 이하는 참하직參下職이라고 했다. 직급에 따른 대우 차이가 컸다. 그래서 참하직에서 참상직으로 오르는 것을 승륙陞六 또는 출륙出六이라고 했는데, 정조는 다산에게 정9품 예문관 검열 대신 다섯 단계 건너뛴 종6품 용양위 부사과로 출륙하게 하는 파격적 승진을 단행했다.

이후 다산의 정치적 행보는 그런대로 순탄하게 이어졌다. 7월에 사간원 정언에 오르고, 7월 하순에는 아버지를 뵙기 위해 울산을 다녀왔다. 이후 다산은 왕명에 따라 각종 시험의 시관試官이 되어 눈부신 활약을 했다. 이해 9월의 증광 별시에 둘째 형 정약전이 합격하는 경사가 있었다. 11월에 아버지 정재원은 울산부사에서 진주목사로 승차했다.

해가 바뀌자, 정조는 정월 대보름 이튿날 수원부로 행차하여 현륭원에 작헌례酌獻禮를 올리는 것으로 새해 일정을 시작했다. 남인이 주도하는 개혁의 드라이브에 서서히 시동이 걸렸다. 2월 12일, 채제공은 시전市廛의 폐단을 거론하며 이른바 신해통공辛

亥通共을 건의했다. 시전이 독점하던 금난전권禁亂廛權 특혜를 철회해 소상인을 보호하는 것을 기조로 한 개혁이었다. 노론이 독점해온 정치자금의 돈줄을 차단하겠다는 의지도 담겨 있었다.

농촌인구가 도시로 활발히 유입되면서 여러 사회문제가 발생하고 있었다. 도고都賈라 불리던 큰 장사꾼들에 의해 독점되던 시장구조는 더 이상 방치할 수 없는 상태였다. 특혜 철회로 일방적인 시장 보호 정책에 변화가 오고, 소상인들의 상업 활동에 활로가 열렸다. 6월이 되자 채제공은 전매권을 지켜주며 물가의 통제와 조절 기능을 맡고 있던 평시서平市署 혁파까지 주장하는 등 공세의 고삐를 놓지 않았다. 금난전권 폐지 이후 노론으로 흘러들던 돈줄이 꽉 막히자, 노론으로서는 채제공 주도의 개혁 공세에 정치적 반격을 기획하지 않을 수 없었다.

정조는 계속해서 채제공과 남인에게 힘을 실어주었다. 노론은 이 와중에 채제공의 대채와 채홍리의 소채, 또는 채당과 홍당으로 일컬어지는 남인 내부의 틈새를 파고들며 균열을 일으켰다. 미묘한 갈등이 파문을 일으키던 중에 제3차 교난이라 할 천주교 진산사건珍山事件이 터졌다. 주인공은 다산의 이종사촌이자, 다산 형제가 입교시켰던 윤지충이었다.

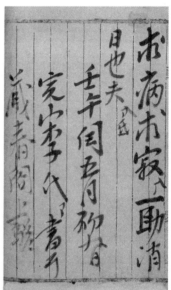

『중국소설회모본』 속 삽화와 사도세자의 마지막 친필. 국립중앙도서
관 소장.

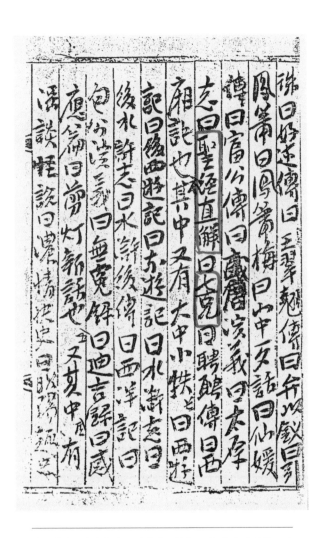

사도세자는 자신이 본 소설책의 목록을 모두 네 가지 범주로 나
눠서 적었는데 놀랍게도 이들 가운데 『성경직해』와 『칠극』이 들
어 있었다.

진산에서 올라온 이상한 풍문

사도세자를 모신 궁녀

아버지 사도세자에 대한 정조의 마음 씀은 각별했다. 『조선왕조실록』1791년 7월 16일자 기사에 궁녀 이씨에게 수칙守則이란 작위와 정렬貞烈이란 칭호를 내린 일이 나온다. 서대문 밖에 30년째 머리도 빗지 않고 세수도 하지 않은 채 문밖출입을 하지 않는 여자가 있었다. 그녀는 1760년 사도세자의 은총을 받았던 궁녀로, 세자가 뒤주에 갇혀 죽자 궁 밖으로 나왔다. 이후 그녀는 죽기로 작정하고 씻지도 않고 빗질도 않으면서 방을 나오지 않았다. 대소변도 방 안에서 해결했다. 이웃에서 불이 나 불길이 번

졌을 때도 방에 누워 꼼짝하지 않았다. 놀란 이웃들이 먼저 불을 꺼서 화를 면했다.

30년간 씻지도 않고 머리도 안 빗고, 바깥 햇볕도 보지 않고 살았다면 그녀는 어떤 모습이었을까? 도저히 상상이 안 되는 그림이다. 그녀는 이렇게 세상을 향한 문을 꽉 닫아걸고 폐인으로 살며 죽은 세자에 대한 절개를 지켰다.

이 이야기가 조정에 전해지자, 왕의 마음이 움직였다. 채제공이 그 마을에 열녀정문烈女旌門을 세워주자는 건의를 올렸다. 노론 쪽에서 바로 제동이 걸렸다. 앞서 이진동 사건 당시 그를 죽이려 했던 홍억이 반대 의견을 냈다. 정조는 그녀의 오두막집 앞에 문을 세워 '수칙이씨지가守則李氏之家'라는 편액을 달아주었다. 그녀에게 종2품의 품계를 내리고, 쌀과 비단과 돈을 넉넉하게 주었다. 사도세자와 관련된 일이라면 작은 것 하나도 굳이 찾아 드러냈다.

이 일이 있기 11일 전인 7월 5일에 채제공은 예조판서 서호수를 비판하는 상소를 올렸다. 그의 동생 서형수徐瀅修가 성천부사가 되어 부임하면서 관례를 무시하고 좌의정 채제공에게 부임 인사도 하지 않은 채 임지로 떠났다. 채제공은 이를 자신에 대한 의도적 도발로 여겨 서형수를 파직하라는 상소를 올렸다.

서호수도 이조판서에 임명되었지만 인사 업무 수행을 거부했다. 인사권을 행사하려면 채제공의 결재 라인에 들어야 하는데, 그것이 싫다는 이유에서였다. 채제공은 1786년 노량진으로 물러나 살 때, 서호수의 부친 서명응徐命膺이 자신의 당시 불우한 처지를 안쓰러워하는 말을 했다는 집안 조카 채홍리의 전언을 거론하며 서호수의 이 같은 태도가 온당치 않다고 비판했다.

그러자 서호수는 아버지 서명응은 그런 말을 한 적이 없고 할 수도 없었다며, 채홍리가 했다는 전언 자체가 거짓말이라고 강력하게 반발했다. 채홍리마저 반박하는 글을 올려 전후 사정을 핑계 대며 은근히 서호수의 편을 들었다.

채홍리의 글을 본 정조가 격노했다.

"홍리가 어찌 감히 사람으로 자처하면서 함부로 반박하는 글을 올려 요사스러운 작태를 부린단 말인가. 홍리는 그의 숙부 채제공과는 그 의리가 부자간과 같은데, 그 숙부가 신축년(1781) 이후 재난에 빠졌을 때 홍리의 관직은 갑자기 높아져서 경연, 성균관, 비변사, 강원감사 등 관직을 제 마음대로 독차지하였으니, 과연 무슨 이유로 그런 자리를 차지했던 것인가. 숙부를 팔아 영화를 얻고자 이처럼 반대편에 붙어서 그 숙부를 해치는 일이라면 참여하지 않는 것이 없다. 좌상의 여러 가지 죄안은 집안 내의 자잘한 일까지도 어느 것 하나 홍리의 입에서 나오지 않는 것이 있었던가. 그런데 그 중간에 근거 없는 말을 주워가지고 돌아가 좌상에게 전해 겉으로 다정한 정이 있는 것처럼 보여 그 자취를 덮으려고 하다가 오늘날의 사달을 만들었다."

정조는 채홍리만 야단치지 않고, 이 같은 상황을 초래한 채제공의 박절한 처신도 함께 나무랐다. 일흔을 넘긴 늙은 신하를 믿고 나라 일을 맡겼으면 사私를 버리고 임해야 할 텐데 건건이 이렇듯 각박한 사태를 초래하니, 어찌 충후한 기풍이라 할 수 있겠느냐며 탄식했다.

채제공의 좁은 품

채제공은 성격이 불같고 호오가 분명했다. 한번 그의 눈 밖에 나면 배겨날 사람이 없었다. 야인으로 지내며 목숨이 경각에 당했던 시절에 자신을 배반하고 상대 진영에 섰던 자들에 대해서는 절대로 용서하지 않았다. 정조의 입장에서 채제공을 필두로 남인에게 힘을 실어주려던 상황에서, 대채와 소채, 채당과 홍당으로 갈린 남인 진영 내부의 싸움을 지켜보는 것도 짜증이 났다.

일치단결해서 밀고 나가도 될까 말까 한데, 툭하면 반목해서 상대를 걸어 넘어뜨리려 하기 일쑤였다. 이 때문에 정국 구상에 돌발 변수가 너무 많았다.

이재기의 『눌암기략』에는 채제공의 이 같은 성정에 대한 증언이 유독 많다. 이종섭李宗燮은 어려서 채제공 문하에서 공부했다. 1782년 1월, 조정에서 채제공 제거 논의가 본격화될 무렵, 그의 부친 이세석李世奭이 대궐에 들어갔다가 채제공이 반드시 해침을 당할 것을 알고, 아들 이종섭에게 말했다.

"네가 채제공을 탄핵하는 연명차자聯名箚子에 서명하지 않으면 우리 부자가 죽을 것이다. 스승을 구하겠다고 아비를 죽일 셈이냐?"

이종섭이 아버지의 명을 어기지 못해 어쩔 수 없이 서명을 했다. 이 소식을 들은 채제공이 "그마저 서명을 했더란 말이지!" 하며 눈시울을 붉혔다.

이 일 이후 이종섭은 죄인을 자처하며 10여 년간 벼슬을 제수해도 나아가지 않고 근신했다. 정조는 이종섭이 절개를 지키는 모습을 아껴, 그만 용서하라는 뜻으로 채제공에게 여러 번 그에 대해 물었지만, 채제공은 끝내 한마디도 대답하지 않았다. 답답했던 정조가 경연에 참석한 신하들에게, "채제공이 이종섭의 일에 끝내 마음을 풀지 않으니 너무 가혹하다"라고 했을 정도였다.

　다산의 사촌 처남 홍인호도 정조가 몹시 아꼈지만, 채당과 홍당으로 갈린 이래 채제공은 그에게 깊은 유감을 품어 청요직 물망에 오를 때마다 그의 이름을 감정적으로 빼버리곤 했다. 정조는 두 사람에게 화해를 명하고, 홍인호더러 채제공을 찾아가 지난 잘못을 사죄하게 했다. 왕명에 따라 홍인호가 마지못해 채제공의 집을 찾아갔다. 채제공은 냉랭한 표정으로 날씨 얘기만 했다. 채제공의 딴청에 홍인호는 머쓱하게 앉아 있다가 그대로 일어서 나왔다. 왕명에도 화해의 시늉만 하자, 도리어 유감만 깊어졌다. 이 밖에도 그는 자신에게 비수를 들이댄 인사들에게는 반드시 앙갚음을 했다. 이재기는 이 기사 앞에 "채제공의 병통은 언제나 사적인 감정을 앞세우는 데 있었다"라고 적었다. 채제공의 이 같은 좁은 품이 또 한 번의 파란을 만들고 있었다.

윤지충과 권상연, 신주를 불사르다

조정에서 채제공과 서호수가 채홍리를 놓고 일전을 벌이고 있을 무렵, 호남 진산군에서 이상한 소문이 돌았다. 천주학을 믿는 윤지충이 제 어미가 죽었는데 상복도 안 입고, 조문도 안 받고, 심지어 신주를 불태우고 제사까지 폐하였다는 이야기였다.

윤지충은 윤선도의 7대손으로 남인 명문의 후예였다. 부친은 윤경尹憬이었고, 그의 여동생은 바로 다산의 어머니였다. 그러니까 둘은 사촌 간이었다. 그는 1782년 다산 형제와 함께 봉은사 등에서 보름간 독서하며 지냈고, 1783년 봄 증광시에 급제했다. 그의 주변에는 천주학 핵심 그룹들이 포진해 있었다. 이승훈은 그에게 고종사촌 매형이었고, 가성직제제도하의 10인 신부 가운데 한 사람이었던 유항검은 그의 이종사촌이었다. 이벽은 사돈 간이었다. 게다가 그의 서울 집은 명례방 김범우의 집 맞은편에 있었다. 그는 다산 형제의 인도로 천주교에 입교했다.

1787년 윤지충은 정약전을 대부로 이승훈에게 세례를 받았다. 세례명은 바오로였다. 이후 고향으로 내려와 어머니와 농생을 입교시켰고, 인근에 천주교 교리를 가르쳤다. 그의 어머니 안동 권씨가 1791년 5월에 세상을 떴다. 그녀는 임종 시에 장례 절차를 천주교 교리에 맞게 하라고 유언을 남겼다. 윤지충이 이를 따랐다. 그것은 1790년 10월 말에 두 번째 북경행에서 돌아온 윤유일이 제사와 신주 봉안을 금지한 구베아 주교의 사목 교서를 받은 직후의 일이었다. 윤지충은 어머니의 유언과 사목 교서의 가르침에 따라 제사를 올리지 않고 신주를 불태웠다. 이웃에 살던 그의 사촌 권상연權尙然도 그를 따랐다.

조문 왔던 친지들이 신주도 안 모시고 유교식 제사도 안 지내는 이 이상한 장례에 대해 묻자 윤지충은 자신이 천주교 신자이며 그 교리를 지키기 위해서라고 설명했다. 그는 지역에서 명망 높고 영향력 있는 집안이었으므로, 이 소문이 점차 퍼져 9월에는 한양 홍낙안의 귀에까지 들어갔다.

홍낙안이 누구인가? 정미반회사건 당시 그는 이기경을 부추겨 고발케 하려다 실패하자, 1788년 1월 7일 인일제 대책문에 서학을 추종하는 세력을 발본색원해야 한다고 고발하는 글을 직접 올려 다산을 궁지에 몰아넣었던 장본인이었다. 이때 정조는 그의 글을 부정하지 않으면서도 다산을 높은 등수에 올려 그에게 심한 굴욕감을 안겨주었다.

홍낙안은 다시 한 번 절호의 기회가 왔음을 직감했다. 채제공을 두둔하는 임금의 태도는 확고했지만, 채제공의 독선적이고 편파적인 정국 운영은 이미 여러 곳에서 파열음을 내고 있었다. 정미반회사건 당시 미온적인 태도로 물러섰던 이기경도 적극적 태도로 바뀌어 있었다. 채제공은 다산만 아꼈고, 자신에게는 눈길조차 주지 않았다. 홍낙안의 뒷배였던 홍인호 부자는 왕명에 따라 내키지 않는 사죄를 하러 갔음에도 불구하고 끝내 마음을 열지 않는 채제공의 행동에 분노하고 있었다.

그 와중에 9월 3일 다산은 사간원 정언에 제수되었다. 거칠 것 없는 승승장구의 기세였다. 서학을 믿는 무리들이 채제공의 비호 아래 왕실의 핵심 요직에 배치되고 있었다. 더 이상 이 상황을 방치할 수 없다는 판단 아래 홍낙안은 이 진산의 풍문을 계기로 천주학 문제를 다시 한 번 공론의 장으로 끌어낼 궁리를 시작했다. 지난번 뼈아픈 실패를 되풀이하지 않으려면 여론을 조성하는 것이 먼저였다. 여론전으로 가자!

여론전의 막전 막후

걷잡을 수 없이 커진 소문

진산사건의 소문이 커지자 진산군수 신사원申史源은 서울로 편지를 보내 채제공에게 이 일을 알리고, 처리 방안에 대한 지침을 내려줄 것을 청했다. 채제공에게서는 한 달 가깝게 아무 대답이 없었다.

이 와중에 소문은 걷잡을 수 없이 퍼져 홍낙안의 귀에까지 들어갔다. 홍낙안은 1791년 9월 27일, 진산군수 신사원에게 편지를 썼다. 신사원은 같은 남인으로, 두 사람은 전부터 안면이 있었다. 신사원은 다산이 부친에 대한 기억의 편린을 모아 적은 「선인유사先人遺事」에도 한 차례 등장하는 바, 다산의 부친 정재원과 가깝게 지낸 벗이기도 했다. 신사원은 이 일을 공론화할 경우 문제가 눈덩이처럼 불어날 것이 불 보듯 뻔했고, 윤지충은 호남 명문가의 후예인 데다 정재원의 처조카여서 접근이 신중하지 않을 수 없었다.

7품의 임시 관직인 가주서를 지냈다지만 당시 아무 직책이 없던 홍낙안이 훨씬 선배인 신사원에게 편지를 써서, 왜 진산사건을 신속하게 처리하지 않느냐고 추궁했다. 그 내용은 하루라도 빨리 신주를 불태우고 제사를 폐한 윤지충과 권상연을 강력하게 처벌해야 한다는 것이었다. 당신이 이렇듯 미적거리는 것은 한패라 봐주려는 것이 아니냐는 행간이 있었다. 채제공의 소식을 마냥 기다리던 신사원은 느닷없는 편지에 크게 놀랐다.

진산사건을 둘러싼 왕복 서신과 통문 및 상소문 등은 이기경이 묶은 『벽위편』과 『동린록』 등에 수록되어 전한다. 『벽위편』은 양수리 이기경 고가에서 1959년 홍이섭 박사에 의해 발견된 이른바 '양수본兩水本' 『벽위편』과 후손인 이만채가 간추려서 엮어 펴낸 '절략본' 『벽위편』 등 2종이 남아 있다. 이 중 '양수본'에만 이들 글이 작성된 정확한 날짜가 밝혀져 있다. 이후 서신 왕복과 관련 글의 작성 일자는 '양수본'에 따랐다.

홍낙안은 이틀 뒤인 9월 29일, 좌의정 채제공에게도 한 통의 장서長書를 올렸다. 장서는 일반적으로 재상에게 올리는 글을 이르는 다른 표현이다. 홍낙안이 보낸 장서는 길이도 길었지만, 그 형식이 일종의 공개 질의서와 같았다. 장서의 서두에서 홍낙안은 자신이 두 차례나 채제공과 직접 만나 얘기를 나누려 했으나 기회를 얻지 못해 억울해서 이 글을 올린다고 썼다. 글은 표면적으로는 윤지충과 권상연을 겨냥했지만, 이것은 문제를 신서파 전체로 확대하기 위한 도화선에 불과했다.

홍낙안은 장서의 서두부터 "합하의 문에 출입하는 자들 중에 한 사람도 바른말과 정론으로 깊이 우려하고 길게 염려하여 합하를 보필하고 받들어 보좌하는 다스림이 있다는 말을 들어보지 못했습니다"라며 대놓고 도발했다.

저격 대상도 서울의 신서파임을 분명히 했다.

예전에는 나라의 금지 조처를 두려워하여 어두운 방에서 모이던 자들이 지금은 백주 대낮에 혼자 다니며 공공연히 멋대로 전파합니다. 예전에 파리 머리만 한 작은 글씨로 써서 열 번씩 싸서 책 상자에 숨겨두던 자들이 지금은 함부로 간행하고 인쇄하여 서울 밖으로 반포하고 있습니다.

또 "오늘의 교주가 반드시 훗날에는 역적이 될 것"이라고까지 말했다. 서학을 믿는 자들을 사납고 흉포하며 불만이 가득한 무리란 뜻의 '걸힐불령지도桀黠不逞之徒'로 지목하는가 하면, 살기를 싫어하고 죽기를 즐거워하는 '오생락사지도惡生樂死之徒' 또는 윤리와 상도를 어지럽히는 '멸륜난상지배蔑倫亂常之輩'라고도 했다. 윤지충과 권상연 두 사람을 어떤 죄목으로 처벌하느냐가 앞으로 국가가 서학에 대해 취할 방침을 가늠할 시금석이 될 것이니, 이 변고에 대한 국가의 대응을 예의 주시하겠노란 말로 긴 글을 맺었다.

같은 날 성균관에서는 진사 성영우 등 아홉 명이 통문을 돌려, 조문을 온 사람이 윤지충이 곡하지 않는 것을 의아해하자 "천당에 올라가셨으니 축하해야지 슬퍼해서는 안 된다"라고 했다는 등의 선언을 적고, 10월 4일 섬정동蟾井洞 진사 이후李㷇의 집에서 모여 이 일을 성토하자고 했다. 여기에 10월 1일, 진사 최소崔炤 등이 다시 통문을 돌렸고, 같은 날 홍낙안도 보조를 맞춰 다시 여러 유생들에게 보내는 통문을 작성했다. 진사 목인규睦仁圭도 열 명의 연명으로 통문을 돌려 가세했다. 일사불란하고 조직적이고 기민한 움직임이 동시다발적으로 일어났다.

화기를 직감한 채제공과 홍낙안의 협박

홍낙안의 장서를 받아본 채제공은 직책 없는 하급 관원이 일국의 좌의정에게 대놓고 공개적인 서한을 보낸 데 먼저 놀랐고, 그 서슬에 한 번 더 놀랐다. 분란을 일으키고 피를 보려는 재앙의 기미가 바로 읽혔다. 그리고 그 칼끝이 자신을 정조준하고 있음도 직감적으로 알아챘다. 그저 두고 볼 수 없는 도발이었다. 이에 호응하는 성균관 유생들의 연쇄적 움직임도 심상치 않았다. 당시는 영의정과 우의정 없이 채제공 홀로 국정을 전담하던 독상獨相 체제였다.

채제공은 분노해서 임금께 올릴 차자를 작성해 사태를 주도한 몇 사람의 죄를 통렬하게 물으려 했다. 이 같은 기미를 안 홍낙안이 겁을 먹고, 밤중에 채제공의 아들 채홍원蔡弘遠을 찾아갔다.

"대감께서 우리를 죽이시려는 모양인데, 우리가 어찌 혼자만 죽겠소이까?"

"대체 무슨 말이오?"

"근자에 정약용의 서매庶妹가 좌상의 며느리가 되었다지요?"

명백한 협박이었다. 채제공의 서자와 정재원의 서녀가 얼마 전 혼인하여 두 집안은 사돈이 된 직후였다. 홍낙안의 이 말은 만약 자신들에게 죄를 주려 하면, 채제공이 정재원과 사돈이 되었기 때문에 서학을 믿는 다산의 무리를 두호斗護하고 정재원의 처조카인 윤지충을 지켜주려는 것이 아니겠느냐며 공격하겠다는 뜻이었다. 놀란 채홍원이 밤중에 부친을 찾아가 상황을 말해 차자를 올리는 일은 늦춰졌고, 올렸을 때는 당초보다 어조가 훨씬 누그러지고 말았다.

어쨌거나 상황은 급박하게 돌아가고 있었다. 목인규는 오석백吳錫百과 이윤하, 이총억 등 신서파 인물 5인의 이름에 동그라미를 치고, 향후 자신들의 모임에 이들을 참여시킬 수 없음을 천명했다. 이다음 이들을 처단 대상에 올리겠다는 의미이기도 했다. 목인규 등은 이튿날 성균관의 서학에 모여 궐기하여 본격적으로 이 문제를 쟁점화하기로 약속했다.

이때 통문에 이름을 올린 최환崔煥과 이후가 평소 친분이 있던 이승훈의 동생 이치훈李致薰에게 급박한 상황을 슬쩍 귀띔해주었다. 깜짝 놀란 이치훈이 그길로 다산을 찾아가 대응책 마련에 돌입했다. 두 사람은 머리를 맞대 논의한 끝에 두 가지 방향을 잡았다. 첫째, 채제공을 겁먹게 해서 움직이고, 둘째 청파 도곡의 남인들을 동원해서 이들의 집단행동을 원천 봉쇄하자는 것이었다. 『눌암기략』에 자세한 내용이 나온다.

다산과 이치훈의 반격

한편 『벽위편』에는 정약용이 밤중에 채홍원을 찾아가, 사돈의 연분을 들며 한편으로 애걸하고 한편으로 협박했다는 이야기가 실려 있다. 채제공을 겁먹게 해서 움직이자는 방안의 구체적 내용이 여기에 나온다. 그 논리는 이러했다. '홍낙안이 이 일을 벌인 것은 공심公心에서 나온 것이 아니다. 소문을 들으니 노론의 김종수와 심환지沈煥之 등과 더불어 비밀리에 모의해서, 겉으로는 척사의 명분을 빌려 안으로는 채제공의 손발을 일망타진하려는 계책일 뿐이다. 윤지충과 권상연을 성토해서 겨를 핥다가 쌀알까지 해를 입히려는 수작이니, 대감이 덩달아 나서면 우리들이 모두 다치는 데에서 끝나지 않을 것이다.' 윤지충과 권상연은 겨이고, 채제공의 최측근인 다산을 위시한 신서파 남인들이 쌀알인데, 그들은 그것으로 끝내지 않고 대감마저 자리에서 끌어내려 자신들의 새판을 짜는 것이 최종 목표라는 논리였다.

두 번째, 도곡의 남인들을 동원해 통문에 연명한 남인을 누르기로 한 계획도 밤사이에 숨 가쁘게 진행되었다. 그 결과 궐기대회에 동참을 약속했던 사람들이 대부분 불참했고, 겨우 6, 7인만 모인 데 그쳤다. 뒤늦게 도착한 채홍원마저 자신은 정승의 아들이니 이 같은 논의에 참여할 수 없다며 자기 이름을 지워버렸다. 밤사이에 아버지 채제공과 상의한 결과였다. 모였던 몇 사람도 재앙을 일으키려는 화심이 있다고 내몰리자 겁을 먹었다. 결국 이들의 성토는 아무 성과 없이 끝나고 말았다. 다산과 이치훈은 순발력 있는 신속한 대응으로 자칫 파국으로 치달을 상황을 하룻밤 사이에 극적으로 반전시켰다.

『벽위편』 중 「신해진산지변辛亥珍山之變」 조의 서두에 다음 대목이 나온다.

사학하는 무리들이 스스로 겁을 먹고, 이승훈과 정약용 등이 마침내 상대를 헐뜯을 계획을 냈다. 홍낙안의 장서 중에 총명하고 재주 있는 사람 운운한 말을 들어 일망타진하려는 화심이라고 지목하고, 또 이간질해서 채제공에게 "이것은 대신을 두드리고 흔들어 사학하는 사람과 채당을 공격하려는 것"이라고 했다. 이때 채제공이 평소 믿고 무겁게 여겼던 순암順菴 안정복과 간옹艮翁 이헌경李獻慶은 이미 세상을 떴고, 여와餘窩 목만중은 너무 늙어 두문불출하고 있었다. 홍낙안과 이기경은 나이가 젊은 데다 벼슬이 낮았고, 성영우와 강준흠姜浚欽 또한 모두 젊은 유생이었다. 이 때문에 사학하는 무리들이 두려워하거나 거리끼는 바가 없이 제멋대로 능멸하여 짓밟았다.

이 글에서 말한 채당은 당시 조정에서 채제공을 옹위하던 다산과 이벽의 아우 이석, 이승훈의 부친 이동욱과 이가환, 이익운 등을 지칭한 것이었다.

상황이 불리해지자 홍낙안은 10월 6일에 채홍원에게 다시 장문의 편지를 썼다. 자신이 장서를 올린 이후 감당할 수 없는 비방이 쏟아져 견디기 힘든 정황임을 말하고, 자신의 입장을 하나하나 되풀이해 설명했다. 이어 글을 올린 지 열흘이나 되었는데도 답장 한 줄 받지 못했으니, 이 편지를 채제공에게 전달해 자신이 결코 사심으로 한 일이 아님을 전해달라고 부탁했다. 채제공의 침묵이 예상외로 길어지자 홍낙안은 점점 불안해졌다.

정민의다산독본茶山讀本
파란波瀾 ❶
다산의두하늘,천주와정조

지은이　　　정민

2019년 9월 5일 초판 1쇄 발행

책임편집　　홍보람
기획 · 편집　선완규 · 안혜련 · 홍보람
디자인　　　형태와내용사이

펴낸이　　　선완규
펴낸곳　　　천년의상상
등록　　　　2012년 2월 14일 제2012-000291호
주소　　　　(03983) 서울시 마포구 동교로45길 26 101호
전화　　　　(02) 739-9377
팩스　　　　(02) 739-9379
이메일　　　imagine1000@naver.com
블로그　　　blog.naver.com/imagine1000

ⓒ 정민, 2019

ISBN 979-11-85811-92-5 04900
　　　979-11-85811-91-8 (세트)